V&R

Kompetent evangelisch

Lehrbuch für den evangelischen Religionsunterricht
12. Jahrgangsstufe

Vandenhoeck & Ruprecht

Bibliografische Information der Deutschen Nationalbibliothek

Die Deutsche Nationalbibliothek verzeichnet diese Publikation in der Deutschen Nationalbibliografie; detaillierte bibliografische Daten sind im Internet über http://dnb.d-nb.de abrufbar.

ISBN 978-3-525-77303-1

Layout und Lithografie: weckner media+print GmbH, Göttingen
Druck und Bindung: Offizin Andersen Nexó, Leipzig

Gedruckt auf chlorfrei gebleichtem Papier.

Vorwort

Liebe Lehrerinnen und Lehrer,
liebe Schülerinnen und Schüler,

der Band *Kompetent evangelisch* für den 12. Jahrgang soll Sie – wie der Vorgänger-Band im nächsten Jahr bis zum Abitur begleiten und den gemeinsamen Unterricht für Sie interessant und anregend machen. Der Titel weist schon darauf hin, dass es darum gehen wird, Kompetenzen – Fähigkeiten – zu erwerben, die notwendig sind, um sich selbst und anderen über den eigenen evangelischen Glauben Rechenschaft geben zu können. Das setzt eine recht selbstständige und eigenverantwortliche Arbeitsweise voraus. Das Buch möchte Sie dabei unterstützen, indem Ihnen zu jedem Kapitel Anregungen zur eigenständigen Verarbeitung des Stoffes gegeben werden und Sie am Ende anhand eines Katalogs von Kompetenzen überprüfen können, ob Sie das angepeilte Ziel nach Ihrer eigenen Einschätzung erreicht haben.

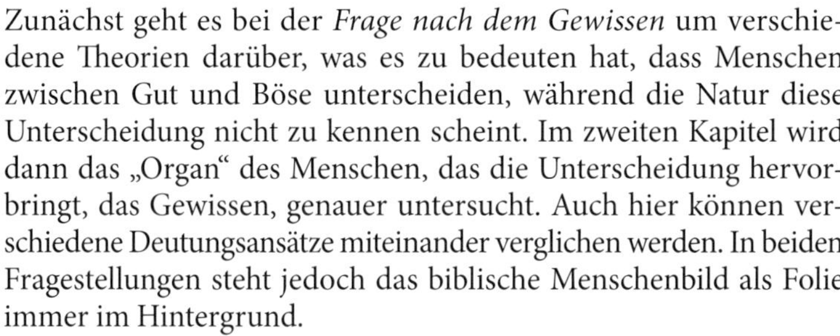

Zunächst geht es bei der *Frage nach dem Gewissen* um verschiedene Theorien darüber, was es zu bedeuten hat, dass Menschen zwischen Gut und Böse unterscheiden, während die Natur diese Unterscheidung nicht zu kennen scheint. Im zweiten Kapitel wird dann das „Organ" des Menschen, das die Unterscheidung hervorbringt, das Gewissen, genauer untersucht. Auch hier können verschiedene Deutungsansätze miteinander verglichen werden. In beiden Fragestellungen steht jedoch das biblische Menschenbild als Folie immer im Hintergrund.

Der zweite Arbeitsbereich: *Die Frage nach der richtigen Lebensführung* entfaltet zunächst die drei vom Lehrplan geforderten philosophischen Positionen in der Ethik: Kant, Nietzsche, Utilitarismus. An diesen werden auch die entsprechenden Fachbegriffe (siehe Glossar) eingeübt.

Danach werden in zwei Kapiteln die wesentlichen biblischen und theologischen Grundlagen einer christlichen Ethik dargelegt und jeweils an einer konkreten Fragestellung aus der Individualethik (Ehe – Ehescheidung) und der Sozial- bzw. Wirtschaftsethik (Arbeit und Lohn) in ihren Konsequenzen untersucht.

Im letzten Arbeitsbereich *Die Frage nach der Zukunft* geht es um die Hoffnung, die der christliche Glaube dem Einzelnen wie der Gesellschaft als Ganzer zu geben vermag. Steht im 6. Kapitel also die Frage nach einem Leben nach dem Tode und einer unsterblichen Seele vor Augen, so beschäftigt sich das Schlusskapitel mit der christlichen Hoffnung für die Welt. In beiden Kapiteln bilden die entsprechenden biblischen Texte die Basis, von der aus dann verschiedene christliche und philosophische Vorstellungen in den Blick kommen.

Die *Aufgaben zur Wiederholung des Lernstoffes 11/12* stellen am Ende noch einmal die Verbindung zu dem in den letzten Jahren Gelernten her, indem Fragestellungen aufgegriffen werden, deren Bearbeitung es nötig macht, über die Grenzen des 12. Schuljahres hinauszugehen. Ziel ist es, Kenntnisse der Anthropologie, Gotteslehre und Ethik so miteinander zu vernetzen, dass ein Gesamtgefüge erkennbar wird, das dazu befähigt, in religiösen Fragen begründet „mitzureden".

Kompetenzen können nur erworben werden, wenn die Lerninhalte in „problemförmigen", d.h. lebensnahen Verschränkungen auftreten und nicht in den künstlich präparierten Laborsituationen der Fachwissenschaft. Dies ist auch im Hinblick auf die neue Aufgabenkultur der Abiturprüfung nötig, auf die in den Arbeitsanregungen vorbereitet werden soll.

Die gegenseitigen Beziehungen der Themen und Inhalte untereinander werden außerdem an vielen Stellen durch Randglossen sichtbar gemacht, sodass jeder Diskussionsgegenstand dadurch zusätzliche Facetten und Perspektiven erhält und zu einem vernetzten Arbeiten eingeladen wird. Am Ende des Buches findet sich ein Glossar mit den wichtigsten Begriffen, die auch den Kernbereich des Lehrplans umreißen.

Ich wünsche Ihnen viel Freude bei der Arbeit und eine erfolgreiche Vorbereitung auf die Abiturprüfung!

Max W. Richardt

Inhalt

Zum Gebrauch des Bandes

Die Texte der einzelnen Kapitel tragen unterschiedliche Kennzeichnungen, je nach ihrer Verbindlichkeit im Lehrplan:

Symbol 1 (verbindlich): verweist auf einen Text oder einen genau umrissenen Inhalt, der vom Lehrplan als verbindlich ausgewiesen wird und behandelt werden muss.

Symbol 2 (Basis): kennzeichnet Texte, die Zusammenhänge zwischen einzelnen Lerninhalten herstellen und als Beispiele Sachverhalte anschaulich machen. Je nach Schwerpunktsetzung kann dies aber auch auf andere Weise erreicht werden.

Symbol 3 (Wahl): kennzeichnet Elemente und Texte, die Zusammenhänge zwischen einzelnen Lerninhalten herstellen und als Beispiele Sachverhalte anschaulich machen. Je nach Schwerpunktsetzung kann dies aber auch auf andere Weise erreicht werden.

Symbol 4 (Vertiefung): kennzeichnet Elemente, die zu einem vertieften Verständnis der theologischen Zusammenhänge führen.

Die Aufgaben dienen zur selbstständigen Erarbeitung des Stoffes, der im Lehrbuch angeboten wird. Teilweise gehen Aufgaben darüber hinaus und regen eine eigenständige Informationsbeschaffung an. Die Formulierung der Aufgaben folgt den vorgeschriebenen Operatoren und führt zur Bearbeitung von Abituraufgaben hin.

Die Kompetenzen am Ende jedes Kapitels bieten Schülerinnen und Schülern die Möglichkeit, in eigener Verantwortung zu überprüfen, ob die Ziele erreicht wurden. Sie könnten auch zum Anlass genommen werden, bei Unklarheiten nachzufragen oder Teile des Kapitels ein zweites Mal durchzugehen.

Das Repetitorium leitet dazu an, Fragestellungen über den unmittelbaren Lerngegenstand hinaus zu erfassen, verschiedene Gesichtspunkte miteinander zu verknüpfen und kreative Lösungsstrategien zu entwickeln, die auch in Klausuren bzw. in der Abiturprüfung hilfreich sein können.

1 Woher kommt das Böse?

Pierre Brauchli, Babylon heute, 1979

„Nun wird ihnen nichts mehr verwehrt werden können …"
1 Mose 11,6

Porträt eines Kindes

von Richard Exner

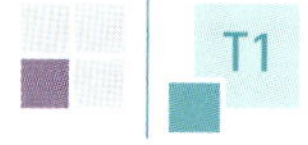

Wie viel
durch diese sehr offenen Augen
noch durch muss
an Menschen, Bildern
und Schrecken,
an Tränen und Garben
von Licht –
jetzt spiegeln sie,
zwischen Fristen von Schlaf,
von außen und innen
den Himmel.

Richard Exner (1929–2008), deutscher Dichter und Gelehrter.

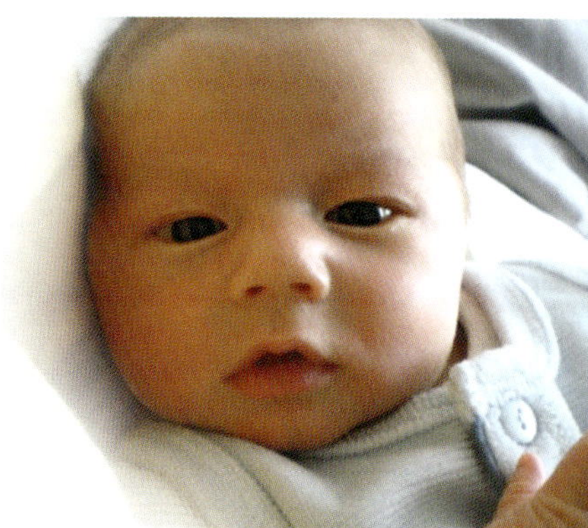

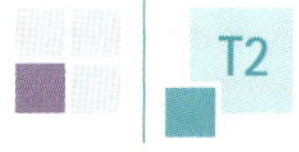

Was ist gut, was ist böse?

Gut? … Wenn ein Verhalten dem entspricht, was die derzeitig herrschende moralische Meinung für gut erachtet. Früher war ein guter Ehemann einer, der seine Frau schlug, gut versorgte und wenig trank. Heute gehört mehr dazu, meistens der Abwasch. ☺

Ich denke, wesentlich ist hier, dass jemand vor sich selbst gerecht handelt und sich selbst als Maßstab nimmt.

Für mich ist ein Mensch „gut", wenn er aus reinem Herzen handelt. Soll heißen, er handelt ausschließlich „für" den anderen, mit keinem Gedanken für sich selbst. Da ich genau das auch als Liebe bezeichne, kann ich eigentlich auch sagen: Ein Mensch, der liebt, ist gut.

Wer ist ein wirklich böser Mensch? Hannibal Lecter, Voldemort, Hitler oder ein Kindermörder? Manche von denen sind wahre Monster, manche nur arme Würstchen. Richtig böse ist ein Mensch dann, wenn man das Gefühl hat, dass hinter ihm eine Macht steht, ein Prinzip, das alles Leben vernichten will.

Fertig

Meinungen aus dem Internet

Wissen, was gut und böse ist

Da sprach die Schlange zur Frau: Ihr werdet keineswegs des Todes sterben, sondern Gott weiß: an dem Tage, da ihr davon esset, werden eure Augen aufgetan und ihr werdet sein wie Gott und wissen, was gut und böse ist.

1 Mose 3,4ff.

Da sprach der HERR zu Kain: Warum ergrimmst du? Und warum senkst du deinen Blick? Ist's nicht also? Wenn du fromm bist, so kannst du frei den Blick erheben. Bist du aber nicht fromm, so lauert die Sünde vor der Tür, und nach dir hat sie Verlangen; du aber herrsche über sie.

1 Mose 4,6f.

Aber als der HERR sah, dass der Menschen Bosheit groß war auf Erden und alles Dichten und Trachten ihres Herzens nur böse war immerdar, da reute es ihn, dass er die Menschen gemacht hatte auf Erden, und es bekümmerte ihn in seinem Herzen.

1 Mose 6,5f.

Und der HERR roch den lieblichen Geruch und sprach in seinem Herzen: Ich will hinfort nicht mehr die Erde verfluchen um der Menschen willen; denn das Dichten und Trachten des menschlichen Herzens ist böse von Jugend auf.

1 Mose 8,21

Und der HERR sprach: Siehe, es ist einerlei Volk und einerlei Sprache unter ihnen allen und dies ist der Anfang ihres Tuns; nun wird ihnen nichts mehr verwehrt werden können von allem, was sie sich vorgenommen haben zu tun.

1 Mose 11,6

Ist der Mensch böse?

von Thomas Fuchs

A. Paul Weber, Die Herren der Schöpfung, 1962

Kains Opfer wird von Gott ohne Grund zurückgewiesen; das heißt, die Anerkennung wird ihm verweigert. „Da überlief es Kain ganz heiß, und sein Blick senkte sich." Wir spüren die Kränkung, die Schmach, die Wut, die auf Ausgleich und Rache drängt. Gott macht nun Kain auf seine finsteren Absichten aufmerksam: „An der Tür lauert die Sünde als Dämon; auf dich hat er es abgesehen, doch du werde Herr über ihn!" Der Dämon steht also an der Tür, doch ihn hereinzulassen oder ihm die Tür zu weisen, ist Sache des Menschen selbst. Er kann dem Impuls zur bösen Tat nachgeben oder ihn beherrschen. Kain jedoch lockt Abel auf das Feld, um ihn dort zu erschlagen.

Damit haben wir nicht nur eine archetypische Konstellation für die Entstehung des Bösen vor uns, sondern auch für seine Diagnose. Würde nämlich ein forensisch-psychiatrischer Gutachter nach der Schuldfähigkeit Kains befragt, so würde er zwar zunächst die Geschwisterkonkurrenz, das Kränkungserlebnis und den massiven Affekt der Wut und Rachsucht hervorheben, der bei Kain nach der Vorgeschichte als Tatmotiv durchaus nachvollziehbar sei.

Doch dann würde er darauf verweisen, dass sich in Kain vor der Tat offenbar ein innerer Dialog abgespielt habe, sei es mit Gott oder auch mit seinem Gewissen (beide gewissermaßen Vertreter des „allgemeinen Anderen"); dass Kain also das Unrecht seiner Absichten durchaus erkannt und insofern über das verfügt habe, was in der Fachsprache Einsichtsfähigkeit genannt wird: die Fähigkeit, den Überstieg in eine Außenperspektive zu vollziehen und sich auf einen allgemeinen Standpunkt zu stellen.

Weiter würde der Gutachter ausführen, dass Kain nicht unmittelbar aus blinder Wut, sondern vielmehr überlegt und planmäßig gehandelt habe, indem er Abel zuerst auf das Feld lockte, um ihn dort zu töten, dass er also auch über die zweite hier maßgebliche Fähigkeit, die sogenannte Steuerungsfähigkeit verfügte; ja indem er

dabei die Arglosigkeit Abels ausnützte, sei im Übrigen auch das Mordmerkmal der Heimtücke erfüllt. Kurzum: Aus forensisch-psychiatrischer Sicht wäre Kain ohne Zweifel uneingeschränkt schuldfähig und hätte seine Tat voll und ganz zu verantworten, auch wenn sie ersichtlich unter der Wirkung eines massiven zur Tat drängenden Affektes geschah.

Aus dieser Analyse gewinnen wir ein zentrales Ergebnis: Weder die Kränkung und der Zorn Kains als Motiv der bösen Tat noch der innere Dialog, aus dem heraus er sich zu dieser Tat entschied, lassen sich auf biologische Anlagen oder eine angeborene Destruktivität Kains zurückführen. Denn sowohl das Motiv wie die Entscheidung setzen eine spezifisch menschliche Sozialisation voraus.

In ihr wird erst die exzentrische Position erreicht, die so etwas wie eine Kränkung überhaupt erleben lässt und die andererseits das Böse als Handlung gegen das Gute, gegen den Allgemeinwillen erst ermöglicht. Wer sich für eine böse Tat entscheidet, kann dies nur durch die Negation eines allgemeinen Standpunktes, den er bereits einzunehmen in der Lage ist. Kain mag sogar von seinen biologischen Anlagen her ein Mensch von besonders jähzornigem Temperament gewesen sein – doch sein Brudermord ist nicht durch Jähzorn oder einen anderen Affekt zwangsläufig herbeigeführt worden, denn er war in der Lage, zu seinen primären Impulsen Stellung zu nehmen, sie zu bejahen oder zu hemmen.

Aus seiner Mitte herausgefallen, steht es dem Menschen frei, den Anspruch des Anderen als berechtigt anzuerkennen und zu respektieren, oder aber die *recurvatio in se ipsum* zu vollziehen, gegen bessere Einsicht auf seinem primären Eigeninteresse zu bestehen und es ohne Rücksicht auf die Anderen durchzusetzen, um wieder der beherrschende und genießende Mittelpunkt der Welt zu werden.

Das Böse ist in diesem Sinne das Rücksichtslose. Doch es impliziert immer eine bewusste Verneinung des Anspruchs der Anderen, kann also nie mehr einfach zur Natur, zur Unschuld des bloßen Primärtriebs zurückkehren. Das Böse ist die Konsequenz der exzentrischen Position und damit der menschlichen Freiheit, und es kann diese einmal erlangte Position nicht rückgängig machen, sondern nur willentlich das mit ihr verbundene Wissen um das Gute ignorieren.

Thomas Fuchs (geb. 1958), Psychiater und Philosoph.

Es wird ihnen nichts mehr verwehrt werden können …

DER SPIEGEL, Ausgabe 11/2000

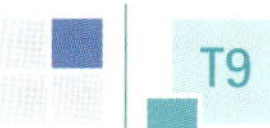

Die Geschichte vom Turmbau zu Babel bildet den Abschluss der biblischen Urgeschichte im Buch Genesis. In diesen ersten elf Kapiteln der Bibel geht es um die Erschaffung der Welt und des Menschen, aber auch um die zunehmende Entfernung des Menschen von Gott. Das Geschöpf Mensch erringt seine Freiheit, aber um den Preis, nun dem widergöttlichen und lebensbedrohlichen Bösen ausgesetzt zu sein.

Die Turmbaugeschichte, so hat die Forschung herausgefunden, könnte aus zwei älteren, einander recht ähnlichen Traditionen zusammengewachsen sein. Im Mittelpunkt steht das Motiv der ursprünglichen Einheit der Menschheit, dargestellt an der einen Ursprache und der einen großen Stadt als ihrer Urheimat. Damit verbunden wird die Geschichte vom Turmbau, die kritisch beleuchtet, zu welchen Zwecken die Bündelung der menschlichen Energien gebraucht oder missbraucht wird.

Der biblische Verfasser beschreibt, wie der Mensch oder besser die Menschheit – inzwischen außerhalb der Geborgenheit des Paradieses – nun ihren Platz in der Welt sucht. Die Menschen, heißt es da, „wollen sich einen Namen machen".

Diese Geschichte vom Turmbau ist sicher angeregt von der Kunde über die babylonischen Stufenpyramiden, die den staunenden Zeitgenossen bis in den Himmel zu wachsen schienen. Die biblischen Autoren betrachten das babylonische Unternehmen sehr kritisch und erblicken darin ein Zeichen, das darauf hinweist, dass die Menschen ohne Gott jegliches Maß verlieren.

Der Turm überschreitet in seinen Dimensionen das geschöpfliche Maß, seine Spitze soll „bis an den Himmel" reichen. Der Turm in XXXL ist eine Monstrosität, die aus der Perspektive des Glaubens Gott, den Schöpfer, provozieren muss. Der Mensch tritt aus der Ordnung der Natur heraus. Er macht sich selbst und seine Fantasie zum Maß aller Dinge.

In der Geschichte ist nicht unmittelbar vom Bösen die Rede. Der Turm richtet sich nicht ausdrücklich gegen Gott, auch wenn Gott im Horizont der Geschichte der Einzige ist, dem die menschliche Größe demonstriert werden kann. Und sein Eingreifen bestraft nicht das Tun der Menschen, sondern er bringt die Menschen – sozusagen vorbeugend – von ihrem Groß-Projekt ab, indem er ihnen verschiedene Sprachen zuteilt. Damit wird die ungesunde Bündelung und Potenzierung der menschlichen Überproduktivität zunächst vereitelt. Aber der Weg der Menschheit zur Selbstbehauptung ist unumkehrbar und Gottes Eingreifen kann die darin verborgene Gefahr letztlich nicht bannen.

Reichsparteitag der NSDAP, Nürnberg 1934

Ein Volk – Ein Reich – Ein Führer

Jenseits von Gut und Böse?

Baltisches Märchen

T10

„Egoismus“, S. 30

Eine Krähe hatte drei Junge im Nest, da kam eine Flut. Sie nahm das erste Junge und flog mit ihm fort. „Wie wirst du mir meine Mühe vergelten?“, fragte sie das Junge. Das antwortete: „Ich werde dich versorgen, wenn du alt bist.“

Die Krähe, verärgert über diese dreiste Lüge, ließ das Junge fallen und holte das nächste. Mit dem ging es ebenso.

Als sie das dritte geholt und gefragt hatte, antwortete dieses: „Ich werde mich zwar nicht um dich kümmern, aber ich werde das Gleiche für meine eigenen Jungen tun.“

Da war die Krähe zufrieden und baute ein neues Nest für das überlebende Krähenkind.

Moral ist Unzufriedenheit mit der Schöpfung!

von Wolfgang Wickler

T11

„biologischer Standpunkt“, S. 43

Moralische Wertmaßstäbe gelten nur für Menschen; das „Böse“ ist kein biologischer Begriff. Die mit naturwissenschaftlichen Methoden gewonnenen Erkenntnisse bleiben stets diesseits von Gut und Böse.

Wohl aber wird der Naturwissenschaftler versuchen, ursächliche Erklärungen für Verhaltensweisen zu finden, die von anderer Seite als gut oder böse deklariert wurden. Tierisches Verhalten darf man nicht mit menschlichen Wertmaßstäben messen; aber man würde menschliches Verhalten so bewerten, selbst wenn es sich auf die Natur (auch die von Gott geschaffen gedachte) als Vorbild beruft.

Und insofern, nämlich auf die menschliche Ausrichtung an der Natur als möglichem Vorbild bezogen, ist die intuitiv immer wieder spürbare Gut-Böse-Bewertung nicht-menschlichen Verhaltens nicht ganz von der Hand zu weisen. So erscheinen uns manche auf Artgenossen gerichtete Verhaltenstaktiken der Tiere gut (unblutig kämpfen, Junge pflegen, fremdes Eigentum anerkennen, „ehrlich" signalisieren), andere weniger gut oder gar böse (Rivalen oder Junge töten, fremdes Eigentum annektieren, betrügerische Signale senden).

Zwischen solchen Alternativen stellt sich nun in der Natur regelmäßig ein Gleichgewicht ein. Von der Selektion wird jede Verhaltensvariante gefördert, solange sie eine höhere Ausbreitungs- und Fortpflanzungschance bringt, völlig unabhängig davon, wie wir sie moralisch bewerten mögen. Unter dem oben genannten Vorbehalt kann man sagen: Die Natur balanciert gegensätzliche Taktiken bis zum Erfolgsgleichgewicht aus, ob gut oder böse, sie lässt keine von beiden überhand nehmen – auch die gute nicht! Es ist offenkundig ein irriger Wunschtraum des Menschen anzunehmen, in der Natur ginge es so zu, wie der Mensch es sich mit der Ethik abverlangt. (…)

Also stehen wir vor der Frage, warum ein Zustand der Welt, den nach unserem Glauben der biblische Schöpfer selbst als sehr gut beurteilte, für den Menschen nicht gut genug sein sollte. Wenn die Welt, wie sie ist, nicht zu unseren Wunschvorstellungen passt, was von beidem muss man dann ändern? (…)

Nähmen wir uns die Natur zum Vorbild, kämen wir nach dem natürlichen Maßstab des Erfolgs zu einem Zustand der Chancengleichheit zwischen „guten" und „bösen" Taktiken. Auf die bösen Taktiken und die Vorteile, die sie bringen, zu verzichten, ist in der Theorie möglich, ist dem Einzelnen aber nur zuzumuten, wenn es alle anderen tun. Solange es nicht alle tun, arbeitet jeder, der es tut, für die, die es nicht tun. (…)

Ich glaube, die sogenannte Erbsünde besteht in der uns gegebenen und von uns missbrauchten Möglichkeit, eine andere als die vorhandene, von Gott geschaffene Welt zu wünschen.

Wolfgang Wickler (geb. 1931), deutscher Zoologe und Verhaltensforscher.

Die sokratische Definition des Bösen und das Christentum

Offenbar ist, dass, wenn ich belehrt bin,
ich aufhören werde mit dem,
was ich unvorsätzlich falsch mache.
Platon, Apologie des Sokrates

Denn das Gute, das ich will,
das tue ich nicht; sondern das Böse,
das ich nicht will, das tue ich.
Römer 7,19

Sünde ist Unwissenheit …

von Sören Kierkegaard

Sören Kierkegaard (1813–1855), dänischer Philosoph und Theologe.

Sokrates erklärt, wer das Rechte nicht tue, der habe es auch nicht verstanden; das Christentum aber greift ein bisschen weiter zurück und spricht: Das kommt daher, dass er es nicht verstehen will und dies wiederum daher, dass er das Rechte nicht will. Und sodann lehrt es, ein Mensch tue das Unrechte (der eigentliche Trotz), trotzdem er das Rechte verstehe, oder unterlasse es, das Rechte zu tun, trotzdem er das Rechte verstehe; (…)

Christlich verstanden … liegt die Sünde somit im Willen, nicht in der Erkenntnis; und diese Willensverderbnis reicht über das Bewusstsein des Einzelnen hinaus. Dies ist das durchaus Folgerichtige; denn ansonst müsste ja hinsichtlich jedes Einzelnen die Frage sich erheben, wie die Sünde angefangen habe.

Der Mensch ist von Natur aus böse

von Immanuel Kant

T13

Der Satz: „Der Mensch ist böse“ kann (…) nichts anderes sagen wollen als: Er ist sich des moralischen **Gesetzes** bewusst und hat doch die (gelegentliche) Abweichung von demselben in seine Maxime aufgenommen. Er ist von Natur aus böse, heißt so viel als: Dieses gilt von ihm in seiner Gattung betrachtet; nicht als ob solche Qualität aus seinem Gattungsbegriffe (dem eines Menschen überhaupt) könne gefolgert werden (denn alsdann wäre sie notwendig), sondern er kann nach dem, wie man ihn durch Erfahrung kennt, nicht anders beurteilt werden, oder man kann es als subjektiv notwendig in jedem, auch dem besten Menschen voraussetzen.

Da dieser Hang nun selbst als moralisch böse, mithin nicht als Naturanlage, sondern als etwas, was dem Menschen zugerechnet werden kann, betrachtet wird, folglich in gesetzwidrigen Maximen der Willkür bestehen muss; diese aber der Freiheit wegen für sich als zufällig angesehen werden müssen, welches mit der Allgemeinheit dieses Bösen sich wiederum nicht zusammen reimen will, wenn nicht der subjektive oberste Grund aller Maximen mit der Menschheit selbst, es sei wodurch es wolle, verwebt und darin gleichsam gewurzelt ist: So werden wir diesen einen natürlichen Hang zum Bösen, und da er doch immer selbstverschuldet sein muss, ihn selbst ein radikales, angeborenes, (nichts destoweniger aber von uns selbst zugezogenes) Böse in der menschlichen Natur nennen können (…)

Der Grund dieses Bösen kann nun (…) nicht, wie man ihn gemeiniglich anzugeben pflegt, in der Sinnlichkeit des Menschen und den daraus entspringenden natürlichen Neigungen gesetzt werden. Denn nicht allein, dass diese keine gerade Beziehung aufs Böse haben (vielmehr zu dem, was die moralische Kraft beweisen kann, zur Tugend die Gelegenheit geben): So dürfen wir ihr Dasein nicht verantworten (wir können es auch nicht, weil sie als anerschaffen uns nicht zu Urhebern haben), wohl aber den Hang zum Bösen, der, indem er die Moralität des Subjects betrifft, mithin in ihm als einem frei handelnden Wesen angetroffen wird, als selbst verschuldet ihm muss zugerechnet werden können: Ungeachtet der tiefen Einwurzelung desselben in die Willkür, wegen welcher man sagen muss, er sei in dem Menschen von Natur anzutreffen.

Immanuel Kant (1724–1804), deutscher Philosoph der Aufklärung.
Siehe auch S. 26, 41f., 95.

Das Böse ist Unvernunft

von Walter Schulz

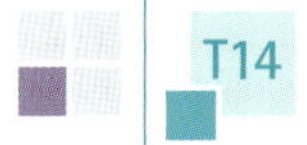

T14

An die Stelle des Bösen treten (...) alle Verhaltensweisen, die in politischer, gesellschaftlicher und ökonomischer Hinsicht die Freiheit verhindern und solchermaßen den Menschen frustrieren und aggressiv machen. Das Böse ist im Grunde Unvernünftigkeit. Auf dieser beruhen alle Formen negativen Verhaltens, auch die Formen der Unterdrückung. (...)

Wir sind alle heute vom Willen zur Aufklärung bestimmt. Ob wir uns als Sozialisten, Positivisten oder Technologen verstehen, wir meinen, dass der Fortschritt wesentlich darauf beruhe, dass Unvernunft und Irrationalität aufgehoben würden.

Das Böse lässt sich nicht eindeutig definieren, weder wissenschaftstheoretisch noch moralphilosophisch oder metaphysisch. Gleichwohl: was wir mit dem Bösen meinen, ist ein sehr realer Sachverhalt, gleichsam ein anthropologisches „Urphänomen", dessen Wurzel der Egoismus und dessen eklatanteste Ausprägung der Hang des Menschen zur Grausamkeit ist.

Das sich in der Grausamkeit in seiner radikalen Form zeigende Böse erscheint uns als eine ständige drohende Gefahr des Menschen, und diese Tatsache wird – so meinen wir – durch die heute maßgebende Ethik der rationalen Aufklärung zugedeckt.

Walter Schulz (1912–2000), deutscher Philosoph.

Das Böse ist das fehlende Gute

T15

Mit der Erschaffung von Gut und Böse durch Gott verhält es sich wie mit Licht und Dunkel: Beide existieren in der Schöpfung Gottes, aber erschaffen hat Gott nur das Licht. Die Finsternis ist die Abwesenheit des Lichts wie das Böse nur die Abwesenheit der Liebe ist und von Gott kein eigenes Sein bekommen hat.

Aufgaben

Abbildungen haben keine eigene Nummerierung; sie werden in die Zusammenhänge der Aufgaben zum Text (T1 …) eingebettet.

Einstieg: Referieren Sie über die wichtigsten Theorien zur Entstehung menschlicher Aggressivität: Instinkttheorie (S. Freud, K. Lorenz); Frustrations-Aggressions-Theorie; Soziale Lerntheorie der Aggression (A. Bandura).

T1
- Erschließen und erläutern Sie das Gedicht und gehen Sie auf das implizite Menschenbild ein. Setzen Sie die Vorstellung von der Unschuld des Kindes in Beziehung zu christlichen Vorstellungen von „Erbsünde".

T2
- Suchen Sie nach Internet-Foren, in denen Fragen von Gut und Böse diskutiert werden. Stellen Sie dar, welche Positionen dort und in T2 zum Ausdruck gebracht werden. Verfassen Sie selbst einen entsprechenden Beitrag.
- Untersuchen Sie die Darstellung des Bösen in Filmen, Romanen und anderen Medien Ihrer Wahl.

T3 bis T7
- Stellen Sie die Bibelzitate in den Kontext der biblischen Urgeschichte und legen Sie dar, auf welche Fragenkomplexe diese Geschichten antworten.

T8
- Inszenieren Sie die Gerichtsverhandlung, die Fuchs imaginiert, oder schreiben Sie zumindest die Plädoyers und den Richterspruch.

T9
- Lesen Sie Gen 11,1–9 und versuchen Sie eine „Quellenscheidung".
- Diskutieren Sie die Deutung der biblischen Geschichte durch das Foto am Ende (Reichsparteitag der NSDAP) von T9.
- Deuten Sie die Bilder und Collagen zum Turmbau. Suchen Sie im Internet nach weiteren Beispielen für die Verwendung dieses Motivs.
- Verfassen Sie eine „Geschichte des Bösen" entlang der biblischen Urgeschichte (1 Mose 1–11). Vergleichen Sie Ihren Befund mit der Einschätzung des Paulus in Römer 7 (greifen Sie dabei auf Ihre Kenntnisse aus dem letzten Schuljahr zurück).

T10 T11
- Suchen Sie aus T11 einzelne Sätze, die in T10 anschaulich werden. Verfassen Sie nach der Lektüre von T11 eine eigene Fabel zu dem dort Gesagten.

T11
- Stellen Sie einen Vergleich zwischen der Moral-Kritik des Biologen Wolfgang Wickler und der Anti-Moral Friedrich Nietzsches (in Kapitel 3, T9) an. Erörtern Sie die Berechtigung der Thesen:
  „Wer zwischen Gut und Böse unterscheidet, hat die Moral als Mittel zur Vergrößerung seiner Macht erkannt und benutzt."
  „Wer zwischen Gut und Böse unterscheidet, ist ein undankbares Geschöpf, weil er die Welt nicht so akzeptiert, wie sie ist."

T12
- Lesen Sie in der Bibel das Gleichnis von den törichten Jungfrauen (Mt 25,1–13), vom reichen Jüngling (Mt 19,16–26) und vom Tun des göttlichen Willens (Lk 6,43–49): Prüfen Sie daran Kierkegaards These.

T13
- Bringen Sie die Position Kants auf ein einfaches Schema und prüfen Sie, ob sich seine Sicht mit einer christlich-theologischen Deutung wie der Sören Kierkegaards verträgt.

T14
- Nennen Sie geschichtliche Erfahrungen, die in der Zeit zwischen Kant und der Moderne das Vertrauen in die Besiegbarkeit des Bösen durch die aufgeklärte Vernunft ins Wanken gebracht haben. Entwickeln Sie eine neue Handlungsstrategie, um heute dem „Hang zur Grausamkeit" zu begegnen.
- Erörtern Sie den Zusammenhang zwischen der Gabe der Fantasie und dem „Hang zum Bösen" im Menschen anhand des folgenden Zitats:

„Das ist die Katastrophe der Freiheit: Zur Freiheit gehört die Fähigkeit, die Wirklichkeit zu verändern nach Maßgaben, die nicht aus der Wirklichkeit stammen, sondern aus einer Welt des Imaginären." (Rüdiger Safranski)

- Inszenieren Sie ein Gerichtsverfahren über den Menschen zur Klärung der Frage nach seiner Schuld am Auftreten des Bösen. Als Zeugen können moderne Anthropologen ebenso geladen werden wie Paulus oder die Verfasser der biblischen Urgeschichte.

T15

- Diskutieren Sie die theologische Frage, ob Gott für das Auftreten des Bösen ebenso verantwortlich gemacht werden kann wie für das Leid (Theodizeefrage).
- Untersuchen Sie (auch anhand der Entstehungszeit der Bilder auf S. 9, 12 und 14), worin sich das Böse für die Künstler in ihrer Zeit jeweils manifestierte. Sammeln Sie Gestaltungsideen für eine Collage über das Böse in der Gegenwart.

Kompetenzen

Ich kann

- biblische Erklärungsansätze für die Entstehung des Bösen aus der Urgeschichte (Gen 4 und 11) mit der Deutung des Paulus in Röm 7 vergleichen
- verschiedene Modelle zur Erklärung menschlichen **Aggressions**verhaltens aus der anthropologischen Forschung erläutern
- die Grundposition zum Bösen, wie sie in der Aufklärung vertreten wurde, mit der christlichen in Beziehung setzen
- darlegen, aus welchen naturwissenschaftlichen und philosophischen Motiven heraus es zu einer grundsätzlichen Ablehnung der moralischen Unterscheidung von Gut und Böse kommen kann

2 Wer spricht im Gewissen?

Martina Reis, Sein Gewissen, 2006

„Der Herr ist
mein Hirte …
Er erquicket
meine Seele."

Ps 23, 1–3

„Es ist also die christliche oder
evangelische Freiheit
eine Freiheit des Gewissens,
durch die das Gewissen von
den Werken befreit wird,
nicht dass keine geschehen,
sondern dass man auf keine sich verlasse."

von Martin Luther

Aufatmen

von Martin Luther

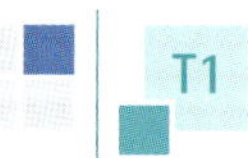

T1

Das Evangelium ist wie ein frisches, sanftes, kühles Lüftlein in der großen Hitze des Sommers, das heißt ein Trost in der Angst des Gewissens; nicht im Winter, wenn sonst Kälte genug vorhanden ist – das ist zur Zeit des Friedens, wenn die Leute sicher sind und meinen sich selbst mit ihren Werken gerecht und selig zu machen –, sondern in der großen Hitze im Sommer, das ist in denen, die da Schrecken und Angst des Gewissens recht fühlen als Gottes Zorn wider die Sünde und ihre Schwachheit.

Diese Hitze aber wird durch die Sonne gemacht; ebenso soll das Schrecken des Gewissens durch die Predigt des Gesetzes geschehen und zugerichtet werden, dass man bedenke und betrachte, man habe Gottes und nicht der Menschen Gesetz übertreten und dagegen gehandelt. Ebenso besteht auch das himmlische Lüftlein, das die Gewissen wieder aufrichten, erquicken und trösten soll, nicht im Trost irgend welcher menschlichen Verdienste und Werke, sondern in der Predigt des Evangeliums.

Wenn aber nun die Kräfte so durchs Lüftlein des Evangeliums wieder erquickt und getröstet sind, so sollen wir nicht müßig sein, liegen und schnarchen. Das heißt: wenn unser Gewissen von Gottes Geist nun zum Frieden gebracht, gestillt und getröstet worden ist, so sollen wir den Glauben auch mit guten Werken beweisen, die Gott in den Zehn Geboten befohlen und geboten hat.

Martin Luther (1483–1546), deutscher Reformator. Siehe auch S. 61, 75, 84.

„Ob du dich mit den Türken
des Weines enthältst
oder mit den Christen ihn trinkst,
daran liegt nichts,
sofern du es mit
freiem Gewissen tust!"

von Martin Luther

Das religiöse Gewissen

von Reinhold Mokrosch

T2

(1) Luther ging aufgrund eigener Erfahrung davon aus, dass das Gewissen jedes Christen sich von Gesetzesforderungen und normativen Zwängen gequält und überfordert fühle.

(2) Die Konsequenz solcher Gewissenserfahrung ist nach Luther der Zustand eines gequälten, geknechteten, bösen Gewissens. Wer die Überforderung durch Gesetze und Normen spüre, dessen Gewissen sei „unruhig, zittere, zucke, zappele und zage". Er durchleidet „Tod, Hölle, Fegefeuer und den Zorn Gottes im Jüngsten Gericht".

(3) Die Verzweiflungssituation ist für Luther nun das Motiv des Umschlags vom schlechten zum guten Gewissen. Genauer: der Zweifel ist dieses Motiv: „ob er Gott gefalle". Das Urteil sei vernichtend: Er gefalle Gott nicht! Aus sich selbst heraus, so werde es ihm schlagartig bewusst, könne er sich nicht befreien. – Da erinnere er sich aber an seine Taufe, in der Gott ihm verheißen habe, dass er ihn unabhängig von seinem Handeln und ethischen Verhalten akzeptieren würde, weil Christus stellvertretend für ihn alle Gebote und Normen erfüllt habe. Der Umschlag ist erfolgt!

(4) Auf den Umschlag folgt der Zustand des befreiten, befriedeten, beruhigten guten Gewissens. Die Ruhe des Gewissens ist ein geistlicher Friede – ein Vorgeschmack des Himmels (…)

(5) Der Gute-Gewissens-Zustand hat für Luther nun ethische Konsequenzen: Der im Gewissen befreite und mit sich selbst identisch gewordene Christ hat nämlich ein neues, befreites Verhältnis zu den ihn fordernden Gesetzen und Normen. Er erfüllt sie nicht mehr dem Gewissen, sondern ihrem Wesen nach, d.h. nicht als solche, die da verteidigen und rechtfertigen. – Ob sein Handeln aufgrund dieses befreiten und geschärften Gewissens in sozialethischer Hinsicht besser sei als z.B. dasjenige eines Türken, stellt Luther entschieden in Frage (…)

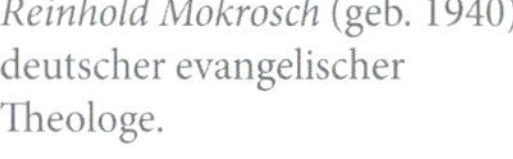
Reinhold Mokrosch (geb. 1940), deutscher evangelischer Theologe.

„Das Gewissen – der innere Gerichtshof im Menschen"

von Immanuel Kant

T3

Jeder Mensch hat Gewissen und findet sich durch einen inneren Richter beobachtet, bedroht und überhaupt im Respekt [mit Furcht verbundener Achtung] gehalten, und diese über die Gesetze in ihm wachende Gewalt ist nicht etwas, was er sich selbst [willkürlich] macht, sondern es ist seinem Wesen einverleibt. Es folgt ihm wie sein Schatten, wenn er zu entfliehen gedenkt. Er kann sich zwar durch Lüste und Zerstreuungen betäuben oder in Schlaf bringen, aber nicht vermeiden, dann und wann zu sich selbst zu kommen oder zu erwachen, wo er alsbald die furchtbare Stimme desselben vernimmt. Er kann es in seiner äußersten Verworfenheit allenfalls dahin bringen, sich daran gar nicht mehr zu kehren, aber sie zu hören, kann er doch nicht vermeiden.

Diese ursprüngliche intellektuelle und [weil sie Pflichtvorstellung ist] moralische Anlage, Gewissen genannt, hat nun das Besondere in sich, dass, obzwar dieses sein Geschäfte ein Geschäft des Menschen mit sich selbst ist, dieser sich doch durch seine Vernunft genötigt sieht, es als auf das Geheiß einer anderen Person zu treiben … Diese andere mag nun eine wirkliche oder bloß idealische Person sein, welche die Vernunft sich selbst schafft.

Eine solche idealische Person [der autorisierte Gewissensrichter] muss ein Herzenskündiger sein; denn der Gerichtshof ist im Inneren des Menschen aufgeschlagen; – zugleich muss er aber auch allverpflichtend, d. i. eine solche Person sein oder als eine solche gedacht werden, in Verhältnis auf welche alle Pflichten überhaupt auch als ihre Gebote anzusehen sind: weil das Gewissen über alle freien Handlungen der innere Richter ist.

Da nun ein solches moralisches Wesen zugleich alle Gewalt [im Himmel und auf Erden] haben muss, weil es sonst nicht (was doch zum Richteramt notwendig gehört) seinen Gesetzen den ihnen angemessenen Effekt verschaffen könnte, ein solches über alles machthabende moralische Wesen aber Gott heißt: so wird das Gewissen als subjektives Prinzip einer vor Gott seiner Taten wegen zu leistenden Verantwortung gedacht werden müssen; ja es wird der letztere Begriff [wenngleich nur auf dunkle Art] in jedem moralischen Selbstbewusstsein jederzeit enthalten sein.

Immanuel Kant (1724–1804), deutscher Philosoph der Aufklärung.
Siehe auch S. 19, 41f., 95.

www.busstag.de
www.orange-promotion.de
Ehrlich
Wie ehrlich bin ich zu
mir und anderen?
Nehmen Sie sich Zeit,
darüber nachzudenken.
Auch im Gottesdienst
am Buß- und Bettag:
19.11.2008
EVANGELISCHE KIRCHE
VON KURHESSEN-WALDECK
Evangelisch-Lutherische
Kirche in Bayern

Wir zerfleischen uns selbst

von Friedrich Nietzsche

T4

Ich nehme das schlechte Gewissen als die tiefe Erkrankung, welcher der Mensch unter dem Druck jener gründlichsten aller Veränderungen verfallen musste, die er überhaupt erlebt hat – jener Veränderung, als er sich endgültig in den Bann der Gesellschaft und des Friedens eingeschlossen fand. (…) Die Feindschaft, die Grausamkeit, die Lust an der Verfolgung, am Überfall, am Wechsel, an der Zerstörung – alles das gegen die Inhaber solcher Instinkte sich wendend: das ist der Ursprung des „schlechten Gewissens".

Der Mensch, der sich, aus Mangel an äußeren Feinden und Widerständen, eingezwängt in eine drückende Enge und Regelmäßigkeit der Sitte, ungeduldig selbst zerriss, verfolgte, annagte, aufstörte, misshandelte, dies an den Gitterstangen seines Käfigs sich wundstoßende Tier, das man „zähmen" will, dieser Entbehrende und vom Heimweh der Wüste Verzehrte, der aus sich selbst ein Abenteuer, eine Folterstätte eine unsichere und gefährliche Wildnis schaffen musste – dieser Narr, dieser sehnsüchtige und verzweifelte Gefangne wurde der Erfinder des „schlechten Gewissens".

Mit ihm aber war die größte und unheimlichste Erkrankung eingeleitet, von welcher die Menschheit bis heute nicht genesen ist, das Leiden des Menschen am Menschen, an sich: als die Folge einer gewaltsamen Abtrennung von der tierischen Vergangenheit, eines Sprunges und Sturzes gleichsam in neue Lagen und Daseins-Bedingungen, einer Kriegserklärung gegen die alten Instinkte, auf denen bis dahin seine Kraft, Lust und Furchtbarkeit beruhte.

Friedrich Nietzsche (1844–1900), deutscher Philosoph, Dichter und Altphilologe.

Das autoritäre Gewissen

von Sigmund Freud

Zunächst, wenn man fragt, wie kommt einer zu einem Schuldgefühl, erhält man eine Antwort, der man nicht widersprechen kann: Man fühlt sich schuldig (Fromme sagen: sündig), wenn man etwas getan hat, was man als „böse" erkennt. Vielleicht nach einigem Schwanken wird man hinzusetzen, auch wer dies Böse nicht getan hat, sondern bloß die Absicht, es zu tun, bei sich erkennt, kann sich für schuldig halten.

Wie kommt man zu dieser Entscheidung? Ein ursprüngliches, sozusagen natürliches Unterscheidungsvermögen für Gut und Böse darf man ablehnen. Das Böse ist anfänglich dasjenige, wofür man mit Liebesverlust bedroht wird; aus Angst vor diesem Verlust muß man es vermeiden. Darum macht es auch wenig aus, ob man das Böse bereits getan hat oder es erst tun will. Man heißt diesen Zustand „schlechtes Gewissen", aber eigentlich verdient er diesen Namen nicht, denn auf dieser Stufe ist das Schuldbewußtsein offenbar nur Angst vor dem Liebesverlust, „soziale" Angst.

(…) Eine große Änderung tritt erst ein, wenn die Autorität durch die Aufrichtung eines Über-Ichs verinnerlicht wird. Damit werden die Gewissensphänomene auf eine neue Stufe gehoben, im Grunde sollte man erst jetzt von Gewissen und Schuldgefühl sprechen. Jetzt entfällt auch die Angst vor dem Entdecktwerden und vollends der Unterschied zwischen Böses tun und Böses wollen, denn vor dem Über-Ich kann sich nichts verbergen, auch Gedanken nicht.

Wir kennen also zwei Ursprünge des Schuldgefühls, den aus der Angst vor der Autorität und den späteren aus der Angst vor dem Über-Ich. Das erstere zwingt dazu, auf Triebbefriedigungen zu verzichten, das andere drängt, da man den Fortbestand der verbotenen Wünsche vor dem Über-Ich nicht verbergen kann, außerdem zur Bestrafung.

Karin Maier, Über-Ich, 2010

Sigmund Freud (1856–1939), österreichischer Psychologe und Begründer der Psychoanalyse. Siehe auch S. 93.

„autoritäres Gewissen", S. 31

Die Evolution des Gewissens

von Renate und Eckart Voland

„Für die Soziobiologie, die das menschliche Verhalten aus dem Egoismus der Gene zu erklären sucht, bleibt das Vorkommen von altruistisch handelnden „barmherzigen Samaritern", die wegen ihres Gewissens den Vorteil der eigenen Gene vernachlässigen, ein dringend zu lösendes Problem."

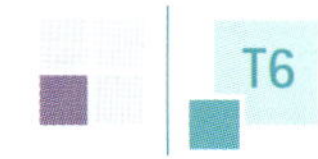

Gewissen lässt sich als erweiterter Phänotyp von egoistischen und manipulativen Genen verstehen, die sich an ganz anderer Stelle als im Gewissensträger selbst befinden, nämlich in den Eltern. Diese verfolgen (wie alle Organismen) ein evolviertes Selbstinteresse und dem dient auch das Gewissen ihrer Kinder. Schließlich können Eltern damit auf eine nahezu perfekte und extrem nachhaltige Art Altruismusanforderungen gegen ihre Kinder durchsetzen. Pointiert formuliert ist das Gewissen ein Instrument elterlichen Parasitismus an den Lebensleistungen der eigenen Kinder.

„Altruismus", S. 16

Aus der europäischen Sozialgeschichte sind viele Fallbeispiele bekannt, die recht genau der Funktionslogik der „Helfer-am-Nest-Gesellschaften" mit lebenslangen innerfamiliären reproduktiven Rollendifferenzierungen entsprechen. Töchter werden von ökonomischen, sozialen und reproduktiven Chancen ausgeschlossen und in eine Helferrolle gedrängt. Auch können Eltern einen Vorteil davon haben, wenn sie ihre Söhne in eine Krieger-Rolle drängen und mit diesem Verhalten gleichsam einen Tribut für die Konkurrenzfähigkeit ihrer Gruppe entrichten. (…)

Genau diesem Zweck dient das Gewissen. Im Konfliktfall reguliert es das Verhalten zum eigenen Nachteil. Es ist ein Satellit des elterlichen „egoistischen Gens" und, wenn immer die Situation es erfordert, bereit, Impulse für altruistisches Verhalten zu geben – selbst lange über den Tod der Eltern hinaus.

So gesehen, steigerte der erste durch sein Gewissen motivierte Altruist die Gesamtfitness seiner Eltern und nicht seine eigene. Der stammesgeschichtliche Ursprung menschlicher Moral liegt demnach in den egoistischen Altruismusforderungen von Eltern an ihre Kinder: Historisch entstand Moral durch Manipulation.

Renate Voland (geb.1950), Diplompsychologin und *Eckart Voland* (geb.1949), Professor für Philosophie der Biowissenschaften.

Psychoanalyse und Ethik

von Erich Fromm

> In unserem Gewissen zeigt sich die Kenntnis unseres Lebenszieles und der Prinzipien, durch die wir es erreichen … Das humanistische Gewissen ist ein Ausdruck des Selbstinteresses des Menschen an sich und seiner Integrität.

Erich Fromm (1900–1980), deutsch-amerikanischer Psychoanalytiker, Philosoph und Sozialpsychologe.

T7

Kein stolzeres Bekenntnis gibt es für einen Menschen, als wenn er sagt: „Ich handle so, wie mein Gewissen es von mir verlangt." Gäbe es kein Gewissen, so wäre die Menschheit auf ihrem gefährlichen Weg schon längst im Schlamm versunken.

Das humanistische Gewissen (…) ist die eigene Stimme, die in jedem Menschen gegenwärtig ist und die von keinen äußeren Strafen und Belohnungen abhängt. (…)

Handlungen, Gedanken und Gefühle, die ein richtiges Funktionieren und die Entfaltung unserer Gesamtpersönlichkeit fördern, rufen ein Gefühl der inneren Zustimmung, der Richtigkeit hervor. Dieses ist charakteristisch für das humanistische „gute Gewissen". Andererseits rufen Handlungen, Gedanken und Gefühle, die für unsere Gesamtpersönlichkeit schädlich sind, ein Gefühl der inneren Unruhe und des Unbehagens hervor. Dieses ist charakteristisch für das „schlechte Gewissen". *Gewissen ist also die Re-Aktion unseres Selbst auf uns selbst. (…)*

Das humanistische Gewissen ist nicht nur der Ausdruck unseres wahren Selbst, es ist gleichzeitig der Ausdruck unserer entscheidenden moralischen Erfahrungen im Leben. In unserem Gewissen zeigt sich die Kenntnis unseres Lebenszieles und der Prinzipien, durch die wir es erreichen; sowohl der Prinzipien, die wir selbst entdeckt haben, als auch solcher, die wir von anderen gelernt und als wahr befunden haben.

Das humanistische Gewissen ist ein Ausdruck des Selbstinteresses des Menschen an sich und seiner Integrität. Das autoritäre Gewissen dagegen beschränkt sich auf den Gehorsam des Menschen, auf seine Selbstaufopferung, seine Pflicht oder gesellschaftliche Anpassung. Das Ziel des humanistischen Gewissens ist Produktivität und demzufolge Glück, denn Glück ist eine sichere Begleiterscheinung produktiven Lebens.

„Verlustangst", S. 29

Ethik

von Dietrich Bonhoeffer

„Richtig ist, dass es niemals geraten sein kann, wider das eigene Gewissen zu handeln. Darin ist sich alle christliche Ethik einig. Aber was bedeutet das?"

„Identität", S. 31

Das Gewissen ist der aus einer Tiefe jenseits des eigenen Willens und der eigenen Vernunft sich zu Gehör bringende Ruf der menschlichen Existenz zur Einheit mit sich selbst. Es erscheint als Anklage gegen die verlorene Einheit und als Warnung vor dem sich selbst Verlieren. Es ist primär nicht auf ein bestimmtes Tun, sondern auf ein bestimmtes Sein gerichtet. Es protestiert gegen ein Tun, das dieses Sein in der Einheit mit sich selbst gefährdet. (4,139)

Der Gewissensruf im natürlichen Menschen ist der Versuch des Ich, sich in seinem Wissen um Gut und Böse vor Gott, vor den Menschen und vor sich selbst zu rechtfertigen und in dieser Selbstrechtfertigung bestehen zu können. (…) So hat der Gewissensruf seinen Ursprung und sein Ziel in der Autonomie des eigenen Ich. (4,140)

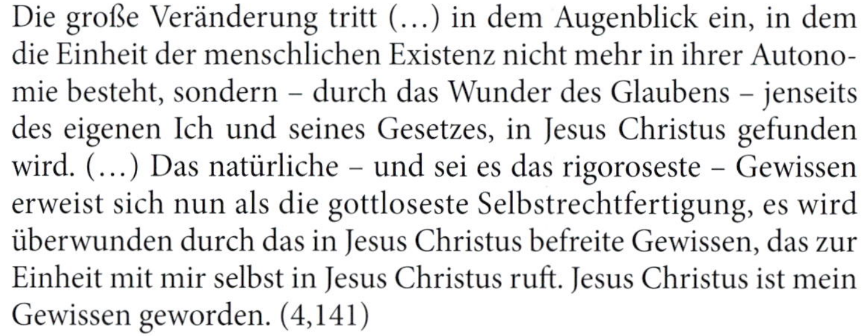

Die große Veränderung tritt (…) in dem Augenblick ein, in dem die Einheit der menschlichen Existenz nicht mehr in ihrer Autonomie besteht, sondern – durch das Wunder des Glaubens – jenseits des eigenen Ich und seines Gesetzes, in Jesus Christus gefunden wird. (…) Das natürliche – und sei es das rigoroseste – Gewissen erweist sich nun als die gottloseste Selbstrechtfertigung, es wird überwunden durch das in Jesus Christus befreite Gewissen, das zur Einheit mit mir selbst in Jesus Christus ruft. Jesus Christus ist mein Gewissen geworden. (4,141)

Dietrich Bonhoeffer (1906–1945), deutscher evangelischer Theologe und Widerstandskämpfer.

Nicht ein Gesetz, sondern der lebendige Gott und der lebendige Mensch, wie er mir in Jesus Christus begegnet, ist Ursprung und Ziel meines Gewissens. Um Gottes und der Menschen willen wurde Jesus zum Durchbrecher des Gesetzes: Er brach das Sabbatgesetz, um es in der Liebe zu Gott und Menschen zu heiligen; er verließ seine Eltern, um im Hause seines Vaters zu sein und so den Gehorsam gegen die Eltern zu reinigen; er aß mit Sündern und Verworfenen, er geriet aus Liebe zu den Menschen in die Gottverlassenheit seiner letzten Stunde. (4,141)

„Pflicht", S. 26

Das befreite Gewissen ist nicht ängstlich, wie das an das Gesetz gebundene, sondern weit geöffnet für den Nächsten und seine konkrete Not. (4,141)

Wenn ich einen wahnsinnigen Autofahrer (...) sehe, der rechts und links in die Passanten hineinfährt, so ist es nicht nur meine Aufgabe als Pfarrer, die Verletzten zu verbinden und die Sterbenden zu trösten, sondern ich muss versuchen, ihn vom Steuer zu reißen, selbst unter Einsatz meines Lebens.

Dietrich Bonhoeffer

Christus oder Hitler?

Kann ein anderer an meine Stelle treten, gerade wenn es um das Gewissen geht? Wenn das Gewissen der Ort ist, an dem jeder Einzelne unvertretbar vor Gott steht, klingen Bonhoeffers Sätze fast wie eine Ausflucht.

Mit seinem berühmten Satz „Jesus Christus ist mein Gewissen!" formuliert Dietrich Bonhoeffer bewusst die Antithese zur Rechtfertigung der SS für ihre Verbrechen, die lautet: „Adolf Hitler ist mein Gewissen."

Für ihn geht es allerdings um mehr als nur darum, der Gewissenlosigkeit im Namen Hitlers einen Kontrapunkt entgegenzusetzen. Wie sich der Nationalsozialist von den allgemeinen Gesetzen der Menschlichkeit und der Vernunft selbst dispensiert, wenn er sich nur noch einem absoluten Befehl unterstellt, so muss auch Bonhoeffer eine andere Grundlage für die Rechtfertigung seines Verhaltens finden als das für alle gültige Gesetz.

Denn immerhin nimmt er als Pfarrer an der Verschwörung der Widerstandsbewegung gegen Hitler teil und beteiligt sich aktiv an den Vorbereitungen für ein Attentat. Aus heutiger Sicht mag daran nichts Problematisches sein, weil die Männer des 20. Juli 1944 inzwischen allgemeine Anerkennung, ja Verehrung genießen. Bonhoeffer sieht sich hingegen vor eine schwierige Entscheidung gestellt, die er sich nicht leicht machen will.

„Du sollst nicht töten", „Du sollst deine Feinde lieben" – Wie vertragen sich diese klaren Aussagen der Bibel mit seinem Handeln? Mit welcher Rechtfertigung darf er als Christ Gebote brechen? Er begründet seine Glaubenseinsicht mit einem Beispiel, das schon bei Kant diskutiert worden war:

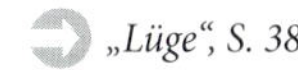
„Lüge", S. 38

Wenn Kant aus dem Prinzip der Wahrhaftigkeit heraus zu der grotesken Folgerung kommt, ich müsse auch dem in mein Haus eingedrungenen Mörder seine Frage, ob mein Freund, den er verfolgt, sich in mein Haus geflüchtet habe, ehrlicherweise bejahen, so tritt hier die zum frevelhaften Übermut gesteigerte Selbstgerechtigkeit des Gewissens dem verantwortlichen Handeln in den Weg. – Es wird sich auch hier gerade im verantwortlichen Aufsichnehmen von Schuld die Unschuld eines allein an Christus gebundenen Gewissens am besten erweisen. (4,141f.)

Gewissensentscheidung und Rechtsordnung

Aus einem Thesenpapier der Evangelischen Kirche Deutschlands

55. Das Gewissen hat wegen der ihm eigenen Rigorosität die Tendenz, nicht nur gegen die Taten und insofern gegen die Person als Täter, sondern auch gegen den Täter als Person zu sprechen, indem sie die Person unter ihre Taten subsumiert und als Summe ihrer Taten missversteht.

56. Diese rigorose Tendenz des Gewissens verstärkt sich, wenn der im Gewissen vor sich selbst zitierte Mensch sich nicht mehr zugleich als vor Gott existierender Mensch erfährt und versteht. Dann tritt die Stimme des Gewissens an die Stelle des Wortes Gottes. Dann usurpiert das Gewissen das Richteramt Gottes und wird so gerade in seiner moralischen Rigorosität zur letzten Bastion der Sünde: sei es, dass es zum Ort der eigenmächtigen Selbstrechtfertigung, sei es, dass es zum Ort der zerstörerischen Selbstverurteilung wird.

58. Im Glauben an den rechtfertigenden Gott kommt es, weil der Glaube allein Gott Richter über die Person sein lässt, zur gewissenhaften Gewissenlosigkeit menschlicher Existenz: Der gerechtfertigte Sünder ist der von seinem anklagenden und verurteilenden Gewissen befreite Mensch. Er weiß sich nun zum vernünftigen Handeln befreit.

59. Du musst nicht deinem Gewissen und Gefühl mehr glauben als dem Wort, das vom Herrn verkündigt wird, der die Sünder aufnimmt …, weil du so mit dem Gewissen streiten kannst, dass du sagst: Du lügst, Christus hat recht, nicht du.

Aufgaben

Abbildungen haben keine eigene Nummerierung; sie werden in die Zusammenhänge der Aufgaben zum Text (T1 …) eingebettet.

Einstieg: Deuten Sie das Titelbild von Martina Reis auf dem Hintergrund der Aussagen von T4 ,T5 und T6.

Innerer Gerichtshof, Spiegelbild, sanftes Ruhekissen – finden Sie weitere Bilder und Metaphern für das Gewissen des Menschen.

T1
- Suchen Sie die Schlüsselbegriffe des Textes heraus und erklären Sie, wie Luther sie verwendet und aufeinander bezieht.
- Vergleichen Sie die Aussagen von T1 mit der Lehre vom dreifachen Gebrauch des Gesetzes in Kapitel 4, T7.

T1 T2
- Erklären Sie – auf Grundlage der Texte – Luthers viel zitiertes Motto: „Pecca fortiter, sed fortius fide!“ *(Sündige tüchtig, aber noch tüchtiger glaube!)*
- Stellen Sie Bezüge zwischen Luthers hier entfalteter Lehre und seinem Leben her.
- „Bei Luther haben Gewissen und Handeln nichts miteinander zu tun.“ – Nehmen Sie kritisch differenzierend zu dieser These Stellung.

T3
- Vergleichen Sie die Rolle Gottes in den Gewissens-Konzepten von Luther und Kant.

T4
- Verfassen Sie einen Dialog zwischen Luther und Nietzsche über das Gewissen und seine Wirkung auf den Menschen. (Bedenken Sie: Beide sehen im schlechten Gewissen eine „Erkrankung“.)

T5
- Erläutern Sie die Auffassung Sigmund Freuds anhand einer Grafik des berühmten Instanzen-Modells von Es – Ich – Über-Ich.
- „Freuds Theorie schließt da an, wo Nietzsche aufhört“ – diskutieren Sie diese These.

T6
- Definieren Sie: Soziobiologie / Egoismus / Altruismus / Parasitismus.
- Schreiben Sie als Mutter / Vater einen Brief an Eckart und Renate Voland.
- Untersuchen Sie Übereinstimmungen und Abweichungen dieser Auffassung zum Grundkonzept von Sigmund Freud.
- „Das egoistische Gen eliminiert das Gewissen“ – Unter Evolutionsbiologen wird auch die Gegenthese vertreten: „Die Gene programmieren die Lebewesen auf Kooperation und Altruismus – nicht auf Egoismus.“ – Erörtern Sie mithilfe entsprechender Beispiele aus dem Biologieunterricht die Berechtigung dieser Thesen und prüfen Sie, was sich daraus für die biologische Funktion des Gewissens ergibt.

T7
- Der Mensch bei Erich Fromm – der Mensch in der Bibel: Vergleichen Sie Konzept, Bewertung und Konsequenzen.
- Erich Fromm kritisiert das autoritäre Gewissen, in dem Menschen, die in „vollkommener Abhängigkeit von fremden Mächten“ leben, stecken bleiben können. Der Mensch höre dann auf, „sich um sein eigenes Dasein zu sorgen oder sich dafür verantwortlich zu fühlen.“ – Belegen Sie diese Erscheinung mit Beispielen. Führen Sie aus, wie sich diese Auffassung zu den Positionen Freuds bzw. Bonhoeffers verhält.
- Fromms humanistisches Gewissen ist nicht nur moralisch: „Jede Verletzung der Integrität und des richtigen Funktionierens unserer Persönlichkeit ist gegen unser Gewissen, ob es sich nun um unser Denken oder unsere Taten, ja sogar um Vorliebe und Abneigung im Essen oder um das sexuelle Verhalten handelt.“ – Diskutieren Sie in der Klasse, ob Sie auch den Musikgeschmack, den Bekleidungsstil und das Freizeitverhalten als Angelegenheit des Gewissens betrachten können.

T8
- Formulieren Sie die Kritik, die sich aus den theologischen Gedanken Bonhoeffers gegen Erich Fromm und Immanuel Kant vorbringen lässt.

T9 

- Die Rechtfertigung des sogenannten Tyrannenmordes ist ein häufig diskutiertes moralisches Problem. Tragen Sie Motive und Begründungen der Widerstandskämpfer für das Attentat auf Hitler zusammen und nehmen Sie eine begründete ethische Beurteilung vor.
- Nennen Sie weitere Beispiele, wo der Zwiespalt im politischen Handeln zwischen dem guten Zweck und dem fragwürdigen Mittel erkennbar wird, und markieren Sie die Grenze, wo auch die christliche Nächstenliebe keinen Bruch von Gesetzen rechtfertigen kann.
- Das Beispiel, das Bonhoeffer wählt, um seine Haltung deutlich zu machen, geht auf eine Kontroverse zwischen den Philosophen Benjamin Constant und Immanuel Kant zurück (siehe Kapitel 3, T1).
- Erarbeiten Sie ein Referat über die Auseinandersetzung Kant – Constant zur Wahrheitsfrage.

T10 

- Erläutern Sie die protestantische Auffassung vom Gewissen an dem paradoxen Satz: „Der Christ ist auf gewissenhafte Weise gewissenlos."
- Analysieren Sie die Gewissensbilder dieses Kapitels (S. 23, 27, 29, 31) darauf hin, ob sie mehr die positive Funktion der Identitätsfindung zum Thema haben oder die negative Erfahrung der Selbstentfremdung. Interpretieren Sie eine der Darstellungen genauer.
- „Die lebenslange Partnerschaft zweier Menschen ist ein zentraler Ort für die Bewährung des Glaubens in Liebe und Hoffnung." Untersuchen Sie, ob die Ausführungen der EKD zum Problem der Ehescheidung (S. 67f., T13) geeignet sind, das Gewissen der Partner in einer zerbrochenen Ehe zu entlasten.

Kompetenzen

Ich kann

- zwischen dem Verständnis des Gewissens als richtender Instanz und als Instanz der Identitätsbildung unterscheiden
- verschiedene humanwissenschaftliche Theorien zur Entstehung des Gewissens erläutern und sie zueinander in Beziehung setzen
- das protestantische Grundmodell vom „getrösteten Gewissen" darstellen und daraus ethische Konsequenzen ableiten

3 Was die Philosophen sagen ...

„Niemand hat größere Liebe als die,
dass er sein Leben lässt
für seine Freunde."

Joh 15,13

Die Gewissensfrage

von Rainer Erlinger

Frage

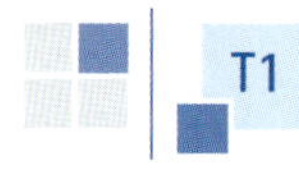

Rainer Erlinger (geb. 1965), Mediziner, Jurist und Autor der Süddeutschen Zeitung.

Auf dem Nachhauseweg wurde ich vor ein paar Wochen von einem etwa 17-jährigen deutsch-türkischen Mädchen angesprochen. Sie sagte, sie wolle ihre Mutter anrufen und ich solle mich bitte als ihre Arbeitskollegin ausgeben, die angeblich mit ihr den ganzen Tag verbracht hat. Ich müsse nicht viel mehr außer „hallo“ und „ja“ am Telefon sagen. Ich zögerte und verweigerte dann meine Hilfe, es schien mir falsch, jemandem beim Lügen zu helfen. Habe ich mich damit neutral aus der Affäre gezogen oder doch auf die Seite der Mutter gestellt?

Franziska T., Salzburg

Antwort

Eine der bekanntesten Auseinandersetzungen der Philosophiegeschichte fand im Jahr 1797 statt. Sie drehte sich um die Rechtfertigung der Lüge zur Rettung eines anderen Menschen. Der französische Philosoph Benjamin Constant hatte in seiner Schrift *Über politische Reaktion* einen „deutschen Philosophen“ kritisiert, der „so weit geht zu behaupten, dass selbst Mördern gegenüber, die uns fragen würden, ob ein Freund von uns in unserem Hause Zuflucht gesucht hat, die Lüge ein Verbrechen wäre“. Dies sei, so Constant, falsch, denn: „Kein Mensch aber hat Recht auf eine Wahrheit, die anderen schadet.“

Constant hatte bei diesem Beispiel, das übrigens schon in der Antike diskutiert wurde, vermutlich den Philosophen und Theologen Johann David Michaelis gemeint, dennoch fühlte Immanuel Kant sich angesprochen und antwortete in dem Aufsatz *Über ein vermeintliches Recht, aus Menschenliebe zu lügen:* „Wahrhaftigkeit in Aussagen, die man nicht umgehen kann, ist formale Pflicht des Menschen gegen jeden, es mag ihm oder einem andern daraus auch noch so großer Nachteil erwachsen." Was bedeutet das für Sie?

In Kants Sinne, dem es um eine allgemeine Rechtspflicht zur Wahrhaftigkeit ging, haben Sie sich mit der Verweigerung der Lüge tatsächlich neutral verhalten, also für niemanden Partei ergriffen, sondern nur Ihre Pflicht erfüllt. Doch scheint mir das zu formal. Praktisch gesehen haben Sie sich auf die Seite der Mutter gestellt.

„Wahrhaftigkeit", S. 39

Wäre der Kant-Constant'sche Mörder an der Strippe gewesen, hätten Sie vermutlich anders gehandelt und ihn angelogen. Damit hätten Sie klar Partei für das Mädchen ergriffen. Wenn Sie hier anders, gegen die Lüge entscheiden, zeigt das, dass Sie das Recht der Mutter auf Wahrheit höher einschätzen als das des Mörders. Oder umgekehrt ausgedrückt, das Recht der Tochter auf Schutz in diesem Fall geringer. Das ist nicht falsch, aber eine Entscheidung.

Immanuels Kants kategorischer Imperativ

„Handle stets so, dass die Maxime
deines Willens jederzeit zugleich
als Prinzip einer allgemeinen Gesetzgebung
gelten kann.

Handle so, dass du die Menschheit
sowohl in deiner Person,
als in der eines jeden Anderen,
jederzeit zugleich als Zweck,
niemals bloß als Mittel gebrauchst."

„Du kannst, denn du sollst …"

Kants Ethik beginnt mit der staunenden Feststellung, dass der Mensch immer schon ein moralisches Gesetz in sich trägt. Die Grundsituation des moralischen Menschen ist, dass ihm jederzeit ein absolut Gebotenes bewusst ist: die Pflicht (gr. *to deon*). Die Würde des Menschen besteht nach Kant darin, dass er mit Hilfe seiner Vernunft diese Pflicht erkennen und nach ihr handeln kann, auch wenn dieser Einsicht andere Triebkräfte, die Neigungen, entgegenstehen sollten. Kant sieht den Menschen als freies, sittliches Subjekt.

Dieses einfache Pflicht-Prinzip scheint alle kontroversen Diskussionen um das richtige Handeln überflüssig zu machen, weil für Kant das Gute für jedermann evident (unmittelbar einsichtig) ist. So sind z. B. das Einhalten eines Versprechens oder die Dankbarkeit gegenüber einem Wohltäter jederzeit und für jedermann gebotene Handlungen. Es kommt dabei nicht auf die Folgen, Erfolgsaussichten oder Umstände an. Wenn also eine Handlungsweise von der Vernunft als fair, gerecht und geschuldet erkannt ist, wird sie zur Pflicht.

Selbst wenn die Erfüllung der Pflicht im Einzelfall negative Folgen haben könnte, darf kein Mensch sich über das Gesetz stellen. Denn nicht die Folgen einer Tat entscheiden über ihre moralische Qualität, sondern nur der gute Wille als Ausdruck des Respekts vor der gebotenen Pflicht.

Der sogenannte *kategorische Imperativ* Kants stellt sicher, dass dem Menschen keine Regeln und Normen aufgebürdet werden, deren Berechtigung er nicht selbst durch seine Vernunft einsehen kann. Auf der anderen Seite macht diese Formel auch deutlich, dass selbst der beste Zweck in keinem Fall schlechte Mittel rechtfertigt. Die erwarteten positiven Folgen könnten unter Umständen ausbleiben …

Kant glaubt, damit die Würde und Autonomie des Menschen als Vernunftwesen gesichert zu haben.

Die Pflichtethik

von Immanuel Kant

T3

„Wohltätig sein, wo man kann, ist Pflicht, und überdem gibt es manche so teilnehmend gestimmte Seelen, dass sie auch ohne einen andern Bewegungsgrund der Eitelkeit oder des Eigennutzes ein inneres Vergnügen daran finden, Freude um sich zu verbreiten, und die sich an der Zufriedenheit anderer, sofern sie ihr Werk ist, ergötzen können.

Aber ich behaupte, dass in solchem Falle dergleichen Handlung, so pflichtmäßig, so liebenswürdig sie auch ist, dennoch keinen wahren sittlichen Wert habe, sondern mit anderen Neigungen zu gleichen Paaren gehe, zum Exempel der Neigung nach Ehre, die, wenn sie glücklicherweise auf das trifft, was in der Tat gemeinnützig und pflichtmäßig, mithin ehrenwert ist, Lob und Aufmunterung, aber nicht Hochschätzung verdient; denn der Maxime fehlt der sittliche Gehalt, nämlich solche Handlungen nicht aus Neigung, sondern aus Pflicht zu tun."

Immanuel Kant,
siehe auch S. 19, 26, 42, 95.

T4

„Gesetzt den Fall, es sieht sich einer durch Not gedrungen, Geld zu borgen. Er weiß wohl, dass er nicht wird bezahlen können, sieht aber auch, dass ihm nichts geliehen werden wird, wenn er nicht festiglich verspricht, es zu einer bestimmten Zeit zu bezahlen. Er hat Lust, ein solches Versprechen zu tun; noch aber hat er soviel Gewissen, sich zu fragen: Ist es nicht unerlaubt und pflichtwidrig, sich auf solche Art aus Not zu helfen? Gesetzt, er beschlösse es doch, so würde seine Maxime der Handlung so lauten: Wenn ich mich in Geldnot zu sein glaube, so will ich Geld borgen und versprechen, es zu bezahlen, ob ich gleich weiß, es werde niemals geschehen.

Nun ist dieses Prinzip der Selbstliebe oder der eigenen Zuträglichkeit mit meinem ganzen künftigen Wohlbefinden vielleicht wohl zu vereinigen, allein jetzt ist die Frage: Wie es dann stehen würde, wenn meine Maxime ein allgemeines Gesetz würde. Da sehe ich nun sogleich, dass sie niemals als allgemeines Naturgesetz gelten und mit sich selbst zusammenstimmen könnte, sondern sich notwendig widersprechen müsse.

Denn die Allgemeinheit eines Gesetzes, dass jeder, nach dem er in Not zu sein glaubt, versprechen könne, was ihm einfällt, mit dem Vorsatz, es nicht zu halten, würde das Versprechen und den Zweck, den man damit haben mag, selbst unmöglich machen, indem niemand glauben würde, dass ihm was versprochen sei, sondern über alle solche Äußerung als eitles Vorgeben lachen würde."

Der gute Wille an sich ist gut

von Immanuel Kant

T5

„Es ist überall nichts in der Welt, ja überhaupt auch außer derselben zu denken möglich, was ohne Einschränkung für gut könnte gehalten werden, als allein ein guter Wille. Verstand, Witz, Urteilskraft und wie die Talente des Geistes sonst heißen mögen, oder Mut, Entschlossenheit, Beharrlichkeit im Vorsatze als Eigenschaften des Temperaments sind ohne Zweifel in mancher Absicht gut und wünschenswert; aber sie können auch äußerst böse und schädlich werden, wenn der Wille, der von diesen Naturgaben Gebrauch machen soll und dessen eigentümliche Beschaffenheit darum Charakter heißt, nicht gut ist…"

T6

„Der gute Wille ist nicht durch das, was er bewirkt oder ausrichtet, nicht durch seine Tauglichkeit zur Erreichung irgend eines vorgesetzten Zweckes, sondern allein durch das Wollen, d.i. an sich gut, und, für sich selbst betrachtet, ohne Vergleich weit höher zu schätzen als alles, was durch ihn zu Gunsten irgend einer Neigung, ja wenn man will, der Summe aller Neigungen, nur immer zustande gebracht werden könnte.

Wenngleich durch eine besondere Ungunst des Schicksals, oder durch kärgliche Ausstattung einer stiefmütterlichen Natur es diesem Willen gänzlich an Vermögen fehlte, seine Absicht durchzusetzen; wenn bei seiner größten Bestrebung dennoch nichts von ihm ausgerichtet würde, und nur der gute Wille (freilich nicht etwa als ein bloßer Wunsch, sondern als die Aufbietung aller Mittel, soweit sie in unserer Gewalt sind) übrig bliebe: so würde er wie ein Juwel doch für sich selbst glänzen, als etwas, das seinen vollen Wert in sich selbst hat."

Immanuel Kant,
siehe auch S. 19, 26, 41, 95.

An sich kann ein Verletzen nichts Unrechtes sein

von Friedrich Nietzsche

T7

„An sich von Recht und Unrecht reden entbehrt alles Sinns; an sich kann natürlich ein Verletzen, Vergewaltigen, Ausbeuten, Vernichten nichts ‚Unrechtes' sein, insofern das Leben essentiell, nämlich in seinen Grundfunktionen verletzend, vergewaltigend, ausbeutend, vernichtend fungiert und gar nicht gedacht werden kann ohne diesen Charakter.

Man muß sich sogar noch etwas Bedenklicheres eingestehn: daß, vom höchsten biologischen Standpunkte aus, Rechtszustände immer nur Ausnahme-Zustände sein dürfen, als teilweise Restriktionen des eigentlichen Lebenswillens, der auf Macht aus ist, und sich dessen Gesamtzwecke als Einzelmittel unterordnend: nämlich als Mittel, größere Macht-Einheiten zu schaffen.

„keine biologische Bewertung", S. 16

Eine Rechtsordnung souverän und allgemein gedacht, nicht als Mittel im Kampf von Macht-Komplexen, sondern als Mittel gegen allen Kampf überhaupt, daß jeder Wille jeden Willen als gleich zu nehmen habe, wäre ein lebensfeindliches Prinzip, eine Zerstörerin und Auflöserin des Menschen, ein Attentat auf die Zukunft des Menschen, ein Zeichen von Ermüdung, ein Schleichweg zum Nichts."

T8

„Daß die Lämmer den großen Raubvögeln gram sind, das befremdet nicht: Nur liegt darin kein Grund, es den großen Raubvögeln zu verargen, daß sie sich kleine Lämmer holen. Und wenn die Lämmer unter sich sagen, ‚diese Raubvögel sind böse; und wer so wenig als möglich ein Raubvogel ist, vielmehr dessen Gegenstück, ein Lamm – sollte der nicht gut sein?' so ist an dieser Aufrichtung eines Ideals nichts auszusetzen, sei es auch, daß die Raubvögel dazu ein wenig spöttisch blicken werden und vielleicht sich sagen: ‚Wir sind ihnen gar nicht gram, diesen guten Lämmern, wir lieben sie sogar: Nichts ist schmackhafter als ein zartes Lamm.' – Von der Stärke verlangen, daß sie sich nicht als Stärke äußere, daß sie nicht ein Überwältigen-Wollen, ein Niederwerfen-Wollen, ein Herrwerden-Wollen, ein Durst nach Feinden und Widerständen und Triumphen sei, ist gerade so widersinnig als von der Schwäche verlangen, daß sie sich als Stärke äußere. (…)"

Moral und Antimoral

von Friedrich Nietzsche

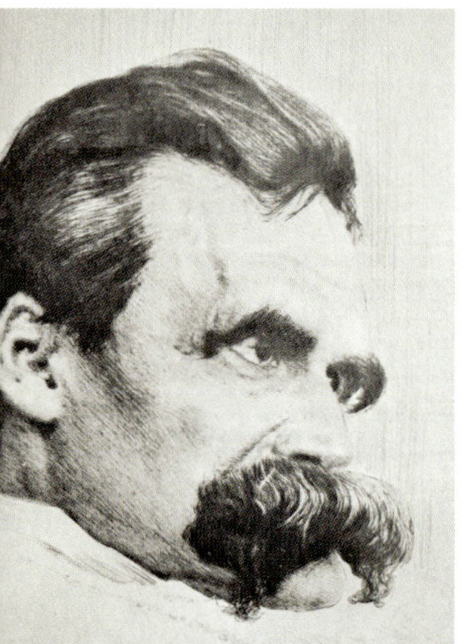

Laßt uns anders sein als die Bösen – nämlich gut!

Wenn die Unterdrückten, Niedergetretenen, Vergewaltigten aus der rachsüchtigen List der Ohnmacht heraus sich zureden: „Laßt uns anders sein als die Bösen, nämlich gut! Und gut ist jeder, der nicht vergewaltigt, der niemanden verletzt, der nicht angreift, der nicht vergilt, der die Rache Gott übergibt, der sich wie wir im Verborgenen hält, der allem Bösen aus dem Weg geht und wenig überhaupt vom Leben verlangt, gleich uns, den Geduldigen, Demütigen, Gerechten" – so heißt das, kalt und ohne Voreingenommenheit angehört, eigentlich nichts weiter als: „Wir Schwachen sind nun einmal schwach; es ist gut, wenn wir nichts tun, wozu wir nicht stark genug sind"; aber dieser herbe Tatbestand, diese Klugheit niedrigsten Ranges, welche selbst Insekten haben (die sich wohl tot stellen, um nicht „zu viel" zu tun, bei großer Gefahr), hat sich dank jener Falschmünzerei und Selbstverlogenheit der Ohnmacht in den Prunk der entsagenden stillen abwartenden Tugend gekleidet, gleich als ob die Schwäche des Schwachen selbst – das heißt doch sein Wesen, sein Wirken, seine ganze einzige unvermeidliche, unablösbare Wirklichkeit – eine freiwillige Leistung, etwas Gewolltes, Gewähltes, eine Tat, ein Verdienst sei.

„Was ist gut? – Alles, was das Gefühl der Macht, den Willen zur Macht, die Macht selbst im Menschen erhöht.

Was ist schlecht? – Alles, was aus der Schwäche stammt.

Was ist Glück? – Das Gefühl davon, daß die Macht wächst – daß ein Widerstand überwunden wird.

Nicht Zufriedenheit, sondern mehr Macht; nicht Friede überhaupt, sondern Krieg; nicht Tugend, sondern Tüchtigkeit (Tugend im Renaissance-Stile, virtù, moralinfreie Tugend).

Die Schwachen und Mißratenen sollen zugrunde gehn: erster Satz unsrer Menschenliebe. Und man soll ihnen noch dazu helfen.

Was ist schädlicher als irgendein Laster? – Das Mitleiden der Tat mit allen Mißratnen und Schwachen – das Christentum …"

Herrenmoral und Sklavenmoral

Weil es keine moralischen Maßstäbe gibt, ist für Nietzsche das Verhalten eine Frage der Ästhetik und des Lebensstils.

Die Moral der Starken sei von egoistischer Selbstdarstellung geprägt. Vornehm und edel sei es, seine Überlegenheit zu fühlen, seine Vorrechte zu genießen und verschwenderisch großzügig mit den Gütern des Lebens umzugehen. Der Starke suche den Kampf, das Kräfte-Messen, ja den ebenbürtigen Feind, um ihn zu besiegen und das Gefühl des Triumphes zu erleben. Die Moral der Schwachen und von der Natur Benachteiligten sei hingegen auf Nützlichkeit, Sparsamkeit und friedlichen Zusammenhalt ausgelegt. Sie könnten ihr Überleben nur durch die Verwendung der „hinterlistigsten Waffe" sichern, die alle natürliche Ordnung über den Haufen werfe: den Geist.

Der Siegeszug des Christentums verwerfe die antike Wertordnung, die an Schönheit, Lebenskraft, aber auch Grausamkeit orientiert sei, und errichte eine Gesellschaft, in der das Mitleid regiert und mit ihm, so Nietzsche, die Mittelmäßigkeit und die Verachtung der Natur.

Macht und Antiegalitarismus bei Nietzsche und Hitler

von Ernst Tugendhat

Es ist nicht bekannt, ob Hitler Nietzsche überhaupt gelesen hat, aber ihre anti-egalitaristischen Positionen sind sich genügend ähnlich. Der erste Eindruck ist: Sowohl Nietzsche wie auch Hitler verwerfen die Idee der Gleichheit, beide mit besonderer Schärfe. Und beiden erscheint diese Idee als etwas geradezu Irrsinniges, besonders Unbegreifliches: in Nietzsches Zarathustra wird die Lehre von der Gleichheit den Taranteln in den Mund gelegt, bei Hitler ist es eine Idee der Juden.

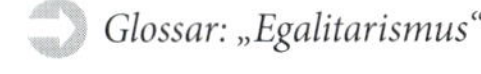

Glossar: „Egalitarismus"

Gleichheit wird also im Namen der Macht verworfen. Und sowohl bei Nietzsche wie auch bei Hitler lautet die Begründung: Es sei eine Tatsache, dass alles menschliche Handeln, ebenso alles Leben überhaupt, ausschließlich durch Machtstreben bestimmt wird. Und das impliziert, auch darin sind sich Nietzsche und Hitler einig: Auch das Egalitäre ist hintergründig durch das Machtmotiv bestimmt.

Ernst Tugendhat (geb. 1930), deutscher Philosoph.

Die Ethik der Nützlichkeit

T13

Seit der Antike gilt im Sinne der *eudämonistischen Ethik* das als „gut", was dem Menschen ein glückliches Leben im Einklang mit sich selbst ermöglicht. Allerdings gingen die Meinungen stets auseinander, was das Glück der Menschen wirklich befördert, und die Skala reicht von der ungeschminkten Wertschätzung sinnlichen Lustgewinns *(Hedonismus)* bis zur Propagierung der Seelenruhe *(Epikureismus)* als höchstem Glück.

Untersucht man die Handlungsziele der Menschen, so stellt man fest, dass alle ganz selbstverständlich versuchen, Leid zu vermeiden und Lust zu erlangen. Dieses durch die Natur vorgegebene Streben kann man zur Grundlage eines ethischen Systems machen.

Der **Utilitarismus** lenkt daher die Aufmerksamkeit auf die Nützlichkeit oder Schädlichkeit der Handlungsfolgen und erklärt diejenige Handlungsweise als „gut" im Sinne von „nützlich", die mit den besten Folgen hinsichtlich des Glücks rechnen kann.

Das Problem dieser Ethik besteht allenfalls darin, das natürliche Glücksstreben des Menschen mit seiner sozialen Natur zu vereinen und die unvermeidlichen Konflikte mit anderen Individuen auszugleichen.

Das Prinzip des größtmöglichen Glücks *(greatest happiness principle)* enthält sogar eine doppelte Maximierungsforderung: Jede Handlung soll daran gemessen werden, ob sie möglichst gute Folgen für eine möglichst große Zahl von Menschen zu erreichen verspricht. Die Menschen können nach dieser Ethik also von ihrer natürlichen Handlungsorientierung auf Glück ausgehen und müssen diese, um sittlich zu handeln, nur auf die Interessen der ganzen Gruppe ausweiten.

Unausgesprochen wird dabei vorausgesetzt, dass sich das Streben des Einzelnen nicht prinzipiell gegen die anderen Gruppenmitglieder richtet. Wer seinen eigenen Erfolg sucht, kann dabei auch den der anderen mitfördern. Kommt es zu Konflikten zwischen verschiedenen Handlungsmöglichkeiten, so muss nach der Anzahl der von den Handlungen betroffenen Personen entschieden werden.

Zumeist gehen die Utilitaristen von einer fiktiven Instanz aus, die durch ideales Einfühlungsvermögen die Bedürfnisse aller Beteiligten erleben und miteinander vergleichen kann. Ein Konsens in dieser Frage wird einfach darin erkennbar, dass die meisten Menschen ähnliche Lebensziele anstreben und die gleichen Güter für wertvoll halten.

Klassisch ...

von Jeremy Bentham

Die Natur hat die Menschheit unter die Herrschaft zweier souveräner Gebieter – Leid und Freude – gestellt. Es ist an ihnen allein, aufzuzeigen, was wir tun sollen, wie auch zu bestimmen, was wir tun werden. Sowohl der Maßstab für Richtig und Falsch als auch die Kette der Ursachen und Wirkungen sind an ihrem Thron festgemacht. (...) Das Prinzip der Nützlichkeit erkennt dieses (...) an (...)

Unter dem Prinzip der Nützlichkeit ist jenes Prinzip zu verstehen, das schlechthin jede Handlung in dem Maß billigt oder mißbilligt, wie ihr die Tendenz innezuwohnen scheint, das Glück der Gruppe, deren Interesse in Frage steht, zu vermehren oder zu vermindern, oder – das gleiche mit anderen Worten gesagt – dieses Glück zu befördern oder zu verhindern.

Jeremy Bentham (1748–1832), englischer Jurist, Philosoph und Sozialreformer.

... und modifiziert

von Peter Singer

Es gibt allerdings noch eine andere Version des Utilitarismus. Diese andere Version des Utilitarismus beurteilt Handlungen nicht nach ihrer Tendenz zur Maximierung von Lust und Minimierung von Leid, sondern nach dem Grad, in dem sie mit den **Präferenzen** der von den Handlungen oder ihren Konsequenzen betroffenen Wesen übereinstimmt. (...)

Nach dem Präferenz-Utilitarismus ist eine Handlung, die der Präferenz irgendeines Wesens entgegensteht, ohne dass diese Präferenz durch entgegengesetzte Präferenzen ausgeglichen wird, moralisch falsch. Eine Person zu töten, die es vorzieht, weiterzuleben, ist daher unrecht.

Für Präferenz-Utilitaristen ist das Töten einer Person in der Regel schlimmer als das Töten eines anderen Wesens, weil ein Wesen, das sich nicht selbst als eine Entität mit einer Zukunft sehen kann, keine Präferenz hinsichtlich seiner eigenen zukünftigen Existenz haben kann. (...)

Ich schlage daher vor, dem Leben eines Fötus keinen größeren Wert zuzubilligen als dem Leben eines nichtmenschlichen Lebewesens auf einer ähnlichen Stufe der Rationalität, des Selbstbewusstseins, der Wahrnehmungsfähigkeit, der Sensibilität etc.

Peter Singer (geb. 1946), australischer Philosoph und Ethiker.

Für Utilitaristen gibt es durchaus Menschenrechte, aber …

von Christoph Pöppe

Wie berechnet man das Glück der Menschheit? Der erste Schritt ist einfach: Man nehme das individuelle Glück jedes Menschen und addiere über alle Menschen. Darin steckt der Gleichheitsgrundsatz: „Jeder zählt als einer, keiner mehr als einer", so der Slogan des frühen Utilitaristen Jeremy Bentham (1748–1832). Gegen diesen Ansatz ist schwerlich etwas einzuwenden; problematisch ist allenfalls die Frage, wer als Mensch zählt. Damit das Glück eines Menschen definierbar ist, muss dieser im Prinzip glücksfähig sein. Das erfordert eine Fähigkeit zu gewissen Bewusstseinszuständen, die sowohl dem Neugeborenen als auch dem Komapatienten abgeht, mit möglicherweise brutalen Konsequenzen für beide. (…)

Das Recht auf Leben ist kein originäres Grundrecht, sondern folgt schlicht daraus, dass seine Verletzung die Glücksfunktion des Betroffenen gewaltig mindern würde, bis auf null in diesem Fall. Aber prinzipiell ist ein Glücksgewinn denkbar, der diesen Glücksverlust aufwiegen könnte. So dürfte man auch einen unschuldigen Menschen umbringen, um das Leben mehrerer Menschen zu retten. Und einen Schuldigen sowieso: Die Befriedigung des Publikums über die gerechte Strafe, die den Mörder ereilt, wiegt dessen Glücksverlust durch die Hinrichtung auf – nach der Auffassung des Gouverneurs von Texas.

Für den Utilitaristen gibt es also durchaus Menschenrechte, aber nur wenn und insoweit die Menschen ihre Einhaltung wünschen, und das mit zureichender Intensität. Denn Glück wird an der Intensität der Wünsche gemessen, und jede Weltverbesserung läuft darauf hinaus, intensive Wünsche eines Menschen zu Lasten weniger intensiver Wünsche eines (möglicherweise anderen) Menschen zu erfüllen.

Christoph Pöppe (geb. 1953), Mathematiker und Redakteur bei der Zeitschrift „Spektrum der Wissenschaft".

Das Brett des Karneades

Eine Holzplanke ist die einzige Rettung für zwei Schiffsbrüchige. Allerdings kann sie nur einen von beiden tragen. Um gerettet zu werden, muss einer der beiden den anderen daran hindern, mit seinem Gewicht den Untergang beider zu verursachen. Die eigene Rettung setzt also die Tötung eines Unschuldigen anderen voraus. Das aber ist eigentlich Mord ...

Diese konstruierte Situation, die von Cicero überliefert wird, geht wohl auf den Philosophen Karneades (155 v. Chr.) zurück und wurde in der Geschichte der Ethik des öfteren benutzt, um ein grundlegendes Problem der Moral zu diskutieren.

Überall, wo die Lebensmöglichkeiten von Menschen bedroht werden, wo Güter knapp oder Rettungsmöglichkeiten beschränkt sind, tritt diese Fragestellung auf: Wer soll bei einem Katastrophenfall zuerst gerettet werden, wie wird bei einer Organspende der Empfänger von der Warteliste ausgewählt, welcher Gefahr darf man Geiseln aussetzen, um Schlimmeres zu verhindern? Viele ethische Probleme der modernen Gesellschaft, wie die Abtreibungsfrage, die gerechte Verteilung der Güter im Sozialstaat, Probleme der Entwicklungshilfe, aber auch ökologische Fragen lassen sich auf dieses Grundproblem zurückführen. Immer lauten die Grundfragen: „Was ist gerecht?" und „Heiligt der gute Zweck das schlechte Mittel?"

Töten, um Leben zu schützen?

Urteil des Bundesverfassungsgerichts vom 15.02.2006

Nach den Terrorangriffen von 2001 stellte sich auch in Deutschland die Frage, ob es erlaubt sein muss, eine von Terroristen gekaperte Passagiermaschine von der Luftwaffe abschießen zu lassen, um das Leben anderer Menschen zu retten, die einem Terrorangriff zum Opfer fallen könnten. Das Bundesverfassungsgericht lehnte ein entsprechendes Gesetz mit folgender Begründung ab:

Die einem solchen Einsatz ausgesetzten Passagiere und Besatzungsmitglieder befinden sich in einer für sie ausweglosen Lage. Sie können ihre Lebensumstände nicht mehr unabhängig von anderen selbstbestimmt beeinflussen. Dies macht sie zum Objekt nicht nur der Täter. Auch der Staat, der in einer solchen Situation zur (entsprechenden) Abwehrmaßnahme greift, behandelt sie als bloße Objekte seiner Rettungsaktion zum Schutze anderer. Eine solche Behandlung missachtet die Betroffenen als Subjekte mit Würde und unveräußerlichen Rechten. Sie werden dadurch, dass ihre Tötung als Mittel zur Rettung anderer benutzt wird, verdinglicht und zugleich entrechtlicht; indem über ihr Leben von Staats wegen einseitig verfügt wird, wird den als Opfern selbst schutzbedürftigen Flugzeuginsassen der Wert abgesprochen, der dem Menschen um seiner selbst willen zukommt. (...)

Unter der Geltung des Artikel 1 Absatz 1 des Grundgesetzes (Menschenwürdegarantie) ist es schlechterdings unvorstellbar, auf der Grundlage einer gesetzlichen Ermächtigung unschuldige Menschen, die sich in einer derart hilflosen Lage befinden, vorsätzlich zu töten.

Auch die Einschätzung, dass die Betroffenen ohnehin dem Tod geweiht seien, vermag der Tötung unschuldiger Menschen in der geschilderten Situation nicht den Charakter eines Verstoßes gegen den Würdeanspruch dieser Menschen zu nehmen. Menschliches Leben und menschliche Würde genießen ohne Rücksicht auf die Dauer der physischen Existenz des einzelnen Menschen gleichen verfassungsrechtlichen Schutz. Die teilweise vertretene Auffassung, dass die an Bord festgehaltenen Personen Teil einer Waffe geworden seien und sich als solcher behandeln lassen müssten, bringt geradezu unverhohlen zum Ausdruck, dass die Opfer eines solchen Vorgangs nicht mehr als Menschen wahrgenommen werden. Der Gedanke, der Einzelne sei im Interesse des Staatsganzen notfalls verpflichtet, sein Leben aufzuopfern, wenn es nur auf diese Weise möglich ist, das rechtlich verfasste Gemeinwesen vor Angriffen zu bewahren, die auf dessen Zusammenbruch und Zerstörung abzielen, führt ebenfalls zu keinem anderen Ergebnis. (...) Zur Erfüllung staatlicher Schutzpflichten dürfen nur solche Mittel verwendet werden, die mit der Verfassung in Einklang stehen. Daran fehlt es im vorliegenden Fall.

Aufgaben

Abbildungen haben keine eigene Nummerierung; sie werden in die Zusammenhänge der Aufgaben zum Text (T1 …) eingebettet.

Einstieg: Das Motiv des Selbstopfers aus Liebe begegnet in Dramen, Romanen, im Film: Geben Sie ein Beispiel und interpretieren Sie es auf dem Hintergrund von Joh 15,13.

T1
- Bewerten Sie die Antwort auf die „Gewissensfrage“: Gelingt dem Verfasser mit dem Rückgriff auf die philosophische Ethik eine überzeugende Antwort?
- Prüfen Sie, ob es sich bei dieser Frage um ein Problem der Alltags-, Entscheidungs- oder Konfliktethik handelt (s. Glossar).

T2 T3 T4 T5 T6
- Setzen Sie den hier zitierten ethischen Ansatz Kants in Beziehung zu ethischen Fachbegriffen aus dem Glossar: deontologisch, teleologisch, Gesinnung / Verantwortung, Situation / Norm u.a.

Kant und Lebensweisen:
- Analysieren Sie die Begründung Kants für das Verbot falscher Versprechen. Skizzieren Sie, was Kant zu folgenden „Lebensweisheiten“ sagen würde:
  „Eine unvernünftige Handlungsweise hebt die Bedingung ihres Erfolgs selbst auf.“
  „Gehe mit anderen so um, wie du selbst behandelt werden möchtest.“
  „Prüfe vor der Handlung, was geschieht, wenn jeder so handelt.“

Kant und Luther:
- Erörtern Sie anhand der Erklärung zum achten Gebot (Kleiner Katechismus, z. B. im EG), welche Seite Luther als Zeugen aufrufen könnte.

Kant und Schiller:
- Untersuchen Sie Schillers poetisch eingekleidete Kritik an Kant (s.u.); stellen Sie die Grundgedanken der ästhetischen Erziehungsidee der Klassik der Pflichtethik Kants gegenüber.

Gewissensskrupel
Gerne dien' ich den Freunden,
doch tu' ich es leider mit Neigung,
und so wurmt es mich oft,
dass ich nicht tugendhaft bin.

Entscheidung
Da ist kein anderer Rat!
Du musst suchen, sie zu verachten
Und mit Abscheu alsdann
tun, wie die Pflicht dir gebeut.

Friedrich Schiller, Die Philosophen

Kant und Max Weber:
- Geben Sie Beispiele für Webers These (s.u.). Formulieren Sie eine Antwort Kants auf Webers Kritik. „Es ist ein abgrundtiefer Gegensatz, ob man unter der gesinnungsethischen Maxime handelt – religiös geredet: „Der Christ tut recht und stellt den Erfolg Gott anheim“ –, oder unter der verantwortungsethischen: dass man für die (voraussehbaren) Folgen seines Handelns aufzukommen hat.“

Kant und Bonhoeffer
- Kant verkündet unerbittlich und ohne Rücksicht auf irgendwelche Folgen:
  „Wahrhaftigkeit ist eine Pflicht, die als Basis aller auf Vertrag zu gründenden Pflichten angesehen werden muss … Es ist also ein heiliges, unbedingt gebietendes, durch keine Konvenienz einzuschränkendes Vernunftgebot: in allen Erklärungen wahrhaft zu sein.“
- Dietrich Bonhoeffer (Kapitel 2, T8) kritisiert das an eiserne Prinzipien gebundene Gewissen Kants: „Die Weigerung, um meines Freundes willen am Prinzip der Wahrhaftigkeit schuldig zu werden, die Weigerung, hier um meines Freundes willen kräftig zu lügen (…), die Weigerung also Schuld zu tragen aus Nächstenliebe, setzt mich in Widerspruch zu meiner in der Wirklichkeit begründeten Verantwortung.
- Vergleichen Sie die Argumentationen Webers und Bonhoeffers gegen Kant und überlegen Sie, ob damit jede Notlüge erlaubt ist.
- Beurteilen Sie das Attentat auf Hitler, an dem Bonhoeffer beteiligt war, aus der Perspektive Kants.

T7 T8 T9 T10 T11 T12

- Freud, Wickler und die Volands stellen die Moral aus psychologischer bzw. naturwissenschaftlicher Sicht in Frage (Kapitel 1, T11, und Kapitel 2, T5 und T6) – Vergleichen Sie diese Moralkritik mit den Gedanken Nietzsches.
- Beschreiben Sie unterschiedliche Bilder der Natur oder des Natürlichen in ethischen Konzepten. Welche Funktion kommt diesen Vorstellungen in der Argumentation jeweils zu?

- Auch die Bibel kennt eine anti-egalitaristische Tradition: Gott erwählt, wen er will und überschreitet die Grenzen menschlicher Gerechtigkeit und Gleichbehandlung. Finden Sie Beispiele. Überlegen Sie, welche ethischen Forderungen man daraus ziehen kann: Verlangt Gott von allen Menschen das Gleiche?
- „Die Ethik regelt das Verhältnis des Einzelnen zur Gesellschaft."
  Vergleichen Sie die Position Nietzsches mit den anderen ethischen Ansätzen hinsichtlich dieser Perspektive.
- „Gemeinnutz geht vor Eigennutz!"
  Erörtern Sie diesen im „Dritten Reich" häufig gebrauchten Grundsatz im Zusammenhang mit den Thesen Nietzsches.
- Interpretieren Sie die Verwendung der Naziterminologie von „Herrenmenschen und Untermenschen".
- „Ist Nietzsche schuld an Hitler?"
  Argumentieren Sie und beziehen Sie Stellung.

T13 T14 T15 T16

- Diskutieren Sie die Probleme, die sich aus folgenden Zeitungsmeldungen ergeben, aus utilitaristischer Sicht:

  Fall 1:
  Ein Angestellter einer großen Versicherung verbuchte täglich eine große Anzahl von Zahlungen. Durch einen kleinen Trick und eine Veränderung der Software gelang es ihm, die Centbeträge bei großen Summen auf sein Privatkonto umzuleiten. Über viele Jahre hinweg fühlte sich keiner der Zahlungsempfänger geschädigt, aber der kleine Angestellte kam zu beträchtlichem Wohlstand …

  Fall 2:
  Im Jahre 2010 entschieden die Schweizer Bürger in einer Abstimmung, dass in ihrem Land keine Minarette gebaut werden dürfen. Die Mehrheit entschied, der Minderheit gleiche Rechte (wie beim Kirchturmbau) zu verweigern …

  Fall 3:
  Glücksforscher haben herausgefunden, dass Lebensglück in einer Gesellschaft kaum mit dem materiellen Wohlstand, sehr wohl aber mit den Klassen- und Rangunterschieden zusammenhängt: je egalitärer, umso zufriedener! Andererseits kann eine finanziell eher geringfügige Verbesserung z. B. in Entwicklungsländern zu einer erheblichen Steigerung der Lebensqualität und Leidvermeidung führen, während selbst große Einkommenssteigerungen in Industrieländern keine Auswirkungen auf den Pessimismus und die Selbstmordrate haben …

- „Das Problem des Utilitarismus ist die Gerechtigkeitslücke!"
  Nehmen Sie zu dieser These mit konkreten Beispielen Stellung!

T17 Immanuel Kant kommt zu dem Ergebnis, dass die Tötung des Konkurrenten bei eigener Lebensgefahr zwar nicht als „unsträflich", aber doch als „unstrafbar" zu beurteilen ist: „Wenn aber von einem, welcher einen anderen Schiffbrüchigen von seinem Brett stößt, um sein eigenes Leben zu erhalten, gesagt wird: er habe durch seine Not ein Recht dazu bekommen, so ist das ganz falsch." Allerdings kann ihn auch niemand bestrafen, denn: Not kennt kein Gebot.

- Analysieren Sie diesen Fall aus der Perspektive der anderen beiden ethischen Positionen, die hier behandelt wurden, und formulieren Sie ein Urteil.

Das Schiffbrüchigen-Problem wurde auch in der Literatur aufgegriffen, etwa in den Gedichten: „Die Freundschaft" von Ewald Christian von Kleist und „Die Vergeltung" von Annette von Droste-Hülshoff.

- Analysieren Sie, nach welchen ethischen Gesichtspunkten die Dichter jeweils ihre Lösung formuliert haben.
- Stellen Sie aktuelle ethische Problemsituationen vor, die dem „Brett des Karneades" entsprechen.

T18

- Rekonstruieren Sie die Argumente der Gegenpartei. Verfassen Sie das entsprechende Plädoyer. Begründen Sie auf diesem Hintergrund die Haltung des BVG.

Bei den ethischen Problemen in unserer Gesellschaft geht es meist darum, dass von den Menschen ein Verzicht auf Konsum, Wohlstand und Luxus verlangt wird, damit die Lebensmöglichkeiten künftiger Generationen und die Unversehrtheit der Natur erhalten bleiben können.

- Bereiten Sie eine Podiumsdiskussion vor, auf der diese Grundfragestellung (anhand konkreter Probleme) so diskutiert wird, dass die Kontrahenten die Positionen des Utilitarismus, Kants und Nietzsches einbringen.

Ein Polizeibeamter droht einem gefassten Kindsentführer Folter an, wenn er nicht den Aufenthaltsort des Opfers preisgibt, weil nur so eine Chance besteht, das Leben des Kindes zu retten. Später muss sich der Polizist vor Gericht verantworten.

- Verfassen Sie ein Plädoyer des Staatsanwalts und des Verteidigers auf der Grundlage der ehtischen Argumente dieses Kapitels.

Kompetenzen

Ich kann

- verschiedene Ebenen sittlichen Verhaltens kennzeichnen und erklären, was eine ethische Argumentation leisten kann
- drei Grundmodelle des ethischen Argumentierens (Utilitarismus, Kant und Nietzsche) referieren und mich mit ihnen kritisch auseinandersetzen
- in Diskussionsbeiträgen ethische Grundpositionen identifizieren und sie mit der entsprechenden Fachbegrifflichkeit und den angemessenen Einordnungskriterien charakterisieren
- eigene moralische Standpunkte distanziert betrachten, andere Argumentationen nachvollziehen und in Diskussionen sachgerecht und differenziert Stellung nehmen

4 Was in der Bibel steht ...

Man muss Gott mehr gehorchen
als den Menschen.
Apg 5,29

... wenn dich jemand auf deine rechte Backe schlägt,
dem biete die andere auch dar.
Mt 5,39

Ich bin nicht gekommen, Frieden zu bringen,
sondern das Schwert.
Mt 10,34

Die Bergpredigt Jesu von Nazareth, 2002

Selig sind, die da geistlich arm sind;
denn ihrer ist das Himmelreich.

Selig sind, die da Leid tragen;
denn sie sollen getröstet werden.

Selig sind die Sanftmütigen;
denn sie werden das Erdreich besitzen.

Selig sind, die da hungert und dürstet nach der
Gerechtigkeit; denn sie sollen satt werden.

Selig sind die Barmherzigen;
denn sie werden Barmherzigkeit erlangen.

Selig sind, die reinen Herzens sind;
denn sie werden Gott schauen.

Selig sind die Friedfertigen,
denn sie werden Kinder Gottes heißen.

Selig sind, die um der Gerechtigkeit willen
verfolgt werden; denn ihrer ist das Himmelreich.

Mt 5,3–10

Die Bergpredigt bei Matthäus

Die Bergpredigt gilt als das Testament des Jesus von Nazareth. Genau genommen stammt der Text aber aus der Feder eines Evangelisten, der ein halbes Jahrhundert nach Jesu Tod über die Ereignisse schreibt. Matthäus greift auf eine Sammlung von Aussprüchen Jesu zurück, stellt sie neu zusammen, versieht sie mit einem bedeutungsvollen Rahmen und macht sie so zum Herzstück seines Evangeliums vom Erlöser Jesus Christus.

Dieser urchristliche Text ist durchdrungen vom eschatologischen Bewusstsein der **Reich-Gottes-Verkündigung** Jesu. Die dramatische Inszenierung der Rede von einem Berg entspricht aber schon dem Glauben der ersten christlichen Gemeinden, die in Jesus den Christus und Sohn Gottes erkennen, der als ihr Erlöser und Herr zu ihnen spricht.

Die Bergpredigt – Perspektive und Provokation

von Wolfgang Kessler

Kein Zweifel: Die Bergpredigt war und ist eine Provokation. Sie provoziert, indem sie scheinbar Menschenunmögliches fordert. Doch gerade darin liegt ihr unschätzbarer Wert – damals und heute. Dabei geht es nicht darum, die Worte des Matthäusevangeliums auswendig zu lernen und wörtlich in die Politik oder in den Alltag zu übertragen. Viel bedeutender ist das Umfeld, in dem Jesus diese Rede offenbar gehalten hat, und der Kern der Predigt.

Sie ist die Antwort Jesu auf eine zerrissene, hasserfüllte Welt, in der die Menschen unter einer Besatzungsmacht leiden, wirtschaftlich ausgebeutet und von strengen religiösen Regeln beherrscht werden. Fatalismus und Pessimismus sind mit Händen zu greifen.

In dieser Lage steigt Jesus auf einen Berg und stellt die Alltagsmaßstäbe nicht nur in Frage, sondern auf den Kopf. Er spricht Undenkbares einfach aus. Seine Sorge gilt nicht den Reichen und Mächtigen, sondern „den Leid-Tragenden“ und „Barmherzigen“, „denen, die Frieden schaffen“ und keine Gewalt anwenden.

In einer Zeit brutaler Unterdrückung, Habgier und Ausbeutung setzt Jesus nicht auf Gegengewalt, sondern auf Feindesliebe, Pazifismus, Sanftmut und Gerechtigkeit. Er will nicht, dass die Menschen einem groben Keil mit einem noch gröberen Klotz begegnen; er will nicht den Stein mit dem Felsen zerschlagen. Er vertraut dem Wasser, das den Stein umspült und letztlich löst. Damit stellt Jesus die herrschende Logik in den Köpfen der meisten Menschen in Frage, die zugleich die Logik der Herrschenden ist. Darin liegt die Provokation der Bergpredigt – damals und heute.

Wolfgang Kessler (geb. 1953), Ökonom.

Mose, Gesetzgeber Israels

Michelangelo: Moses, 1515

Höre, Israel,

die Gebote und Rechte,
die ich heute vor euren Ohren rede,
und lernt sie und bewahrt sie,
dass ihr danach tut!

Der Herr, unser Gott,
hat einen Bund mit uns geschlossen
am Horeb.

Er hat von Angesicht zu Angesicht
mit euch aus dem Feuer
auf dem Berge geredet.

5 Mose 5,2–4

T2

Noch mehr als die Bergpredigt ist der **Dekalog** als Grundtext in jede Form christlicher Bildung eingegangen, was nicht zuletzt an der lernfreundlichen, übersichtlichen Form und Struktur liegt. Sie ist schon im Alten Testament angestrebt, wo Dekaloge an mehreren Stellen überliefert sind (Ex 20, Ex 34, Dt 5). Diese Texte sollen überschaubare Zusammenfassungen liefern und werden offensichtlich aus kürzeren Gebotsreihen zusammengesetzt (Triaden), die auch innerhalb des Dekalogs noch an ihrer ähnlichen Form erkennbar sind (z. B. die drei **apodiktischen** Gebote: nicht töten, nicht ehebrechen, nicht stehlen).

Im Alten Testament ist der Dekalog das Konzentrat des umfänglicheren Gesetzes, das den Bund zwischen Jahwe und Israel besiegelt; beim Übergang in die christliche Religion ergeben sich deutliche Akzentverschiebungen, sowohl in der ethischen Ausrichtung als auch in der theologischen Begründung: Der kultische Dekalog (Ex 34) wird vollständig ignoriert. Im Kleinen Katechismus lässt Luther die Präambel, die an den Exodus des Volkes Israel erinnert und alle spezifisch jüdischen Elemente (wie die Landverheißung im vierten Gebot, das Bildnisverbot und die Theologie des Sabbats) weg und richtet die Gebote auf den Kern des allgemeinen **Naturrechts** aus. Die Begründung für die Gültigkeit der Gebote wird in die Auslegung verlagert, wo jeder Erklärung der Inhalt des Ersten Gebotes in der Formel vorangestellt ist: „Wir sollen Gott fürchten und lieben, auf dass wir …"

Jesus, der neue Mose?

Als er aber das Volk sah,
ging er auf einen Berg und setzte sich;
und seine Jünger traten zu ihm.
Und er tat seinen Mund auf, lehrte sie und sprach:

Ihr sollt nicht meinen,
dass ich gekommen
bin, das Gesetz oder
die Propheten aufzulösen;
ich bin nicht gekommen aufzulösen,
sondern zu erfüllen.

Mt 5,1f. und 17

Das Gesetz des Mose ist zur Zeit Jesu bereits eine Jahrhunderte alte Rechtssammlung, die entstanden ist, um eine Gemeinschaft – das Volk Israel – in Erinnerung an seine Gründung im Bund mit Gott (Exodus) zu erhalten und ihr über große Zeiträume hinweg eine Form zu geben, die diesem Gründungsgeschehen entspricht. Dabei spielen Kompromisse und realistisches Zurücknehmen von Maximalforderungen eine große Rolle. Worauf es ankommt, ist, dass das Gottes-Recht anwendbar bleibt, dass es jedem in der Praxis vorkommenden Fall angepasst werden kann (**Kasuistik**).

Das Gesetz Jesu entspringt einer ganz anderen Perspektive. Die Predigt Jesu ist die Verkündigung des Reiches Gottes: Gott ist ganz nah und dieser unvergleichlichen Situation werden keine Kompromisse mehr gerecht. Das Gesetz, das Jesus verkündet, ist die Ordnung, die gilt, wenn Gott kommt. Jesus kritisiert Mose nicht für die Kompromisse, die er zulassen musste, damit das Recht trotz der „Herzenshärtigkeit" der Menschen seine Aufgabe erfüllen konnte. Aber jetzt ist diese Zeit der Halbheiten vorbei. Jesus radikalisiert das Gesetz. Aber was dabei entsteht, ist kein neues, strengeres Gesetz für diese Welt. Es ist die Verfassung für die neue Welt Gottes.

„Wirklichkeitsansage", S. 111

Alles ist erlaubt

Toraschild mit dem Symbol der beiden Gesetzestafeln.

Der Apostel Paulus schreibt...

Zur Freiheit hat uns Christus befreit!
So steht nun fest und lasst euch nicht wieder
das Joch der Knechtschaft auflegen! *(Gal 5,1)*

Denn das ganze Gesetz ist in einem Wort erfüllt,
in dem: „Liebe deinen Nächsten wie dich selbst!"
(Gal 5,14)

Einer trage des andern Last,
so werdet ihr das Gesetz Christi erfüllen. *(Gal 6,2)*

Alles ist erlaubt, aber nicht alles dient zum Guten.
Alles ist erlaubt, aber nicht alles baut auf.
Niemand suche das Seine, sondern
was dem andern dient. *(Kor 10,23f.)*

T4

Die Ethik des ersten christlichen Theologen Paulus wurde oft mit diesem Satz charakterisiert. Dabei steht der „Imperativ"für die Weisung der **Tora**, an der Paulus festhält. Aber er stellt ihr die Verwandlung des Menschen durch den Glauben an Christus voran: Nur der gute Baum kann gute Früchte bringen.

Wer eine Synagoge betritt, findet das Symbol für die beiden Gebotstafeln am Toraschrein und als Toraschild, mit dem die Torarollen geschmückt werden.

„Ein neues Sein, der Indikativ,
macht die Erfüllung der Gebote
ihrem eigentlichen Sinne nach möglich.
Wer in der Liebe Jesu Christi lebt,
dem ist alles erlaubt."

Die Bergpredigt für Christen

von Martin Luther

Wollte man sich das Wagnis zutrauen, ein ganzes Land oder die Welt mit dem Evangelium zu regieren, so wäre das ebenso, wie wenn ein Hirte Wölfe, Löwen, Adler und Schafe in einem Stall zusammentäte und jedes frei unter den anderen gehen ließe und spräche: „Da weidet euch und seid rechtschaffen und friedlich untereinander; der Stall steht offen, Weide habt ihr genug, Hunde und Prügel braucht ihr nicht zu fürchten."

Da würden die Schafe wohl Frieden halten und sich in dieser Weise friedlich weiden und regieren lassen; aber sie würden nicht lange leben, und kein Tier würde sich vor dem anderen retten können.(…)

Aus dem allen folgt nun, was das rechte Verständnis der Worte Christi Mt 5,38f. ist: „Ihr sollt dem Bösen nicht widerstreben" – nämlich das:

Ein Christ soll so geartet sein, daß er alles Übel und Unrecht sich gefallen lässt, sich selbst nicht rächt, auch nicht vor Gericht Schutz für sich sucht; sondern er soll überhaupt nichts von weltlicher Gewalt und Recht in Anspruch nehmen – für sich selbst. Aber für andere kann und soll er Vergeltung, Recht, Schutz und Hilfe suchen und dazu beitragen, was er nur kann. (…) Das Schwert soll kein Christ für sich und seine Sache führen oder anrufen; dagegen für einen anderen kann und soll er es führen und anrufen, damit dem bösen Wesen Einhalt geboten und die Rechtschaffenheit geschützt wird. (…)

Martin Luther,
siehe auch S. 24, 75, 84.

Wie ernst ist die Bergpredigt zu nehmen?

Mönchsregel oder Beichtspiegel?

von Heinz-Dietrich Wendland

Heinz-Dietrich Wendland (1900–1992), evangelischer Theologe und Soziologe.

Die traditionelle katholische Deutung versteht die radikalen Gebote Jesu als „Ratschläge“ *(consilia evangelica)* für die „perfecti“, d.h. jene „Vollkommenen“, die sich den Ordnungen eines asketischen Lebens unterwerfen. Die Bergpredigt wird auf diese Weise zur Mönchsregel. Die in der Welt, in Ehe, Arbeit und Staat lebenden „Weltchristen“ dagegen können die radikalen Gebote nicht voll erfüllen; sie können z.B. nicht auf irdischen Besitz verzichten; sie müssen sich, abgekürzt ausgedrückt, an die Zehn Gebote halten, als an ein Minimum der Gebotserfüllung. (...)

Im Gegensatz zu dieser früheren katholischen Deutung geht die lutherische mit Recht von der Einsicht aus, dass die radikale Forderung Jesu für alle Christen gelte. Sie wird nach dem „usus elenchticus legis“ d.h. nach dem die Sünde aufdeckenden Amt des Gesetzes aufgefasst. Die Bergpredigt treibt in die Buße; sie ist ein einziger Bußruf und Beichtspiegel. Der Mensch wird seiner sündigen Ohnmacht zum Guten überführt. Das Gebot der Bergpredigt gilt als unerfüllbar. (...) Die Bergpredigt darf, das ist die entscheidende Intention dieser Deutung, nicht zum Gesetz und Christus nicht zum „zweiten Moses“ gemacht werden.

Der dreifache Gebrauch des Gesetzes

aus dem evangelischen Erwachsenenkatechismus

Die Gebote Gottes (sein „Gesetz") haben für den Glauben keine bloß äußerliche Bedeutung, sie sind mit ihm wesentlich verbunden. Dazu muss man sich klarmachen, dass sich Gottes Gebote in verschiedener Weise auf unser Leben beziehen können. In der Tradition der evangelischen Theologie unterscheidet man deshalb bestimmte Anwendungsfälle oder Gebrauchsweisen des Gesetzes:

1. Der *politische Gebrauch* dient als normatives Kriterium für die gerechte Gestaltung eines Gemeinwesens. Das Gesetz wirkt hier als Riegel gegenüber der bösen Tat.
2. Der *überführende Gebrauch* dient der kritischen Überprüfung der eigenen Lebensführung. Gottes Gebot begegnet so dem Menschen als Spiegel, in dem er sich selbst erkennt.
3. Der *ermunternde Gebrauch* des Gesetzes dient der Freiheit eines Christenmenschen, die sich in der Liebe zu Gott und dem Nächsten zeigt. Gottes Gebot erscheint hier als Regel, nach der der Glaubende lebt: „Die Liebe ist des Gesetzes Erfüllung" (Röm 13,10).

Luther macht das daran deutlich, dass er die Gebote konsequent in zwei Richtungen erklärt: zum einen – negativ – als Grenze für unser Handeln, zum andern – positiv – als Ansporn für unser Handeln.

Von Gott für die Menschen

Grundwerte und Gottes Gebot

aus der gemeinsamen Erklärung der Evangelischen und Katholischen Kirche

In den Zehn Geboten sind Maßstäbe einer menschenwürdigen Gesellschaft enthalten, die wegweisend auch für die heutige Zeit sind. Solche Maßstäbe können sich auf die geschichtliche Erfahrung berufen und sind auch für diejenigen einsehbar, die nach einem unverzichtbaren Humanum und nach einem verbindlich Allgemeinmenschlichen fragen.

Dennoch erschöpft sich die Bedeutung der Zehn Gebote nicht in einer Anleitung für die ethische Urteilsbildung. Sie beziehen das Ethische vielmehr ein in den Verweis auf Gott, der den Menschen das Leben und die Lebensmöglichkeiten immer schon gegeben hat und vorgibt.

Die christlichen Kirchen beziehen in ihrer Verkündigung die Zehn Gebote weiterhin auf das Evangelium von Jesus Christus und legen sie von diesem Evangelium her aus. Sie können sich dabei nicht einfach nur als Sachwalter ethischer Verantwortung verstehen, so sehr sie in dieser Gesellschaft Mitverantwortung tragen.

Und doch haben sie ethische Verantwortung jedem Menschen wie der gesamten Gesellschaft ausdrücklich zuzumuten. Dabei besteht der besondere Beitrag und die Aufgabe der Kirchen vor allem darin, dass sie dem Menschen diese Verantwortung zusprechen, sie dazu ermutigen und dafür freimachen, indem sie auf die dem Menschen in Jesus Christus geschenkte und durch die Verkündigung des Evangeliums vermittelte Gnade Gottes hinweisen.

Lucas Cranach, 10 Gebote, 1516

Tut das Unerhörte

von Jörg Zink

Und was will Jesus mit alledem? Ich höre ihn so: Ihr wisst, dass zu euren Vorfahren gesagt wurde: Ihr sollt euch einfügen, wenn immer euch ein Gesetz Gottes begegnet. Ich aber sage euch: Das Einfügen ist das eine. Das andere ist: Heraustreten aus dem, was bisher galt. Tut, was aussichtslos scheint. Tut das Unerhörte, das Verwegene, das Irreguläre, das Unwahrscheinliche. Ihr werdet immer wieder in Gefahr sein, als Außenseiter und Weltfremde zu gelten, als politische oder religiöse Anarchisten oder ganz einfach als Verrückte. Aber ihr werdet die sein, die das tun, was die Zukunft fordert. Was Gott will, der in der Zukunft begegnet.

„Kehre um", *S. 120*

Heraustreten in die freie Tat, heraustreten aus dem, was alle sagen, und eigene Schritte tun mit aufrechtem Stand und aufrechtem Gang: Das ist der Weg in die Zukunft. Ich bin überzeugt, dass keine dreißig Jahre mehr vergehen werden, bis die meisten unter uns begriffen haben, dass abseits dieser Weisungen Jesu, abseits einer auf Angstfreiheit gestellten Politik auf diesem Erdball überhaupt nichts mehr geht.

Jörg Zink (geb. 1922), evangelischer Theologe, Pfarrer und Publizist.

Ehe und Scheidung

Von der Ehescheidung

Da traten Pharisäer zu ihm und versuchten ihn und sprachen: Ist's erlaubt, dass sich ein Mann aus irgendeinem Grund von seiner Frau scheidet?

Er aber antwortete und sprach: Habt ihr nicht gelesen: Der im Anfang den Menschen geschaffen hat, schuf sie als Mann und Frau und sprach: „Darum wird ein Mann Vater und Mutter verlassen und an seiner Frau hängen, und die zwei werden ein Fleisch sein"? So sind sie nun nicht mehr zwei, sondern ein Fleisch. Was nun Gott zusammengefügt hat, das soll der Mensch nicht scheiden!

Da fragten sie: Warum hat dann Mose geboten, ihr einen Scheidebrief zu geben und sich von ihr zu scheiden?

Er sprach zu ihnen: Mose hat euch erlaubt, euch zu scheiden von euren Frauen, eueres Herzens Härte wegen; von Anfang an aber ist's nicht so gewesen.

Ich aber sage euch: Wer sich von seiner Frau scheidet, (es sei denn wegen Ehebruchs), und heiratet eine andere, der bricht die Ehe.

Mt 19, 3-9

Die Scheidungsraten steigen wieder

T11

Wie das Statistische Bundesamt in Wiesbaden mitteilte, liegt die Scheidungsrate derzeit bei etwa 39 Prozent. Demnach wurden 2008 insgesamt 191.900 Ehen, also drei Prozent mehr Ehen geschieden als 2007. Zwei Drittel aller Anträge kommen von den Frauen. Knapp die Hälfte der geschiedenen Paare hatte Kinder unter 18 Jahren. Die Zahl der von Scheidung betroffenen minderjährigen Kinder nahm damit um rund vier Prozent auf 150.200 zu, wie die Wiesbadener Behörde berichtete. Doch es gibt auch gute Nachrichten: Von Jahr zu Jahr vergeht mehr Zeit, bis sich Paare zu einer Trennung entscheiden; 2008 betrug die durchschnittliche Ehedauer bei der Scheidung 14,1 Jahre. Im Jahr zuvor waren die Partner im Schnitt 13,9 Jahre verheiratet, 1990 waren es 11,5 Jahre. Durchschnittlich waren die Männer bei der Scheidung 44,2 und die Frauen 41,4 Jahre alt. Das Scheidungsrisiko war in den Ehejahren 3–11 am höchsten. Vorher und nachher sinkt es signifikant.

Zivile und kirchliche Eheschließung

Das bis 2008 bestehende Verbot einer kirchlichen Trauung ohne vorhergehende *Zivileheschließung* entfällt nach der Novellierung des Personenstandrechts zum 1. Januar 2009. Eine kirchliche Trauung ohne Zivil-Ehe entfaltet jedoch keine Rechtsfolgen im staatlichen Rechtsbereich. Daher ist den Kirchen daran gelegen, dass auch eine zivilrechtliche Ehe geschlossen wird, damit der rechtliche Schutz insbesondere der Kinder und des jeweils schwächeren Partners gewährleistet ist.

In der *katholischen Kirche* ist die Ehe eines der sieben Sakramente. Das Sakrament der Ehe spenden die Brautleute einander mit dem Ja-Wort, das den Bund fürs Leben schließt. Nach Eph 5,31-33 wird die Ehe nicht – wie in der evangelischen Kirche – als weltliche Ordnung angesehen, sondern gilt als Abbild des Verhältnisses von Christus und seiner Kirche und sie ist daher unauflöslich. Die Eheleute schenken einander die Gegenwart Christi, der sie auf diesem Heilsweg verwandeln und für ihre ewige Bestimmung heiligen will.

Nach reformatorischem, speziell lutherischem Verständnis gehören Eheschließung und Ehe in das weltliche **Regiment** Gottes. Die Ehe ist „als ein göttlich Werk und Gebot" gleichwohl „ein weltlich Ding" ohne Heilswirksamkeit, freilich ein zentraler Ort für die Bewährung des Glaubens in Liebe und Hoffnung. Sie richtet sich aber nach den Rechtsformen der jeweiligen Gesellschaft und schließt deshalb auch die Möglichkeit der Scheidung ein.

➲ *„zwei Regimente“, S. 75*

Biblische und theologische Orientierungspunkte

von der Evangelischen Kirche Deutschlands

Die meisten biblischen Stellen zum Rechtsinstitut des Zusammenlebens von Mann und Frau spiegeln eine Sozialstruktur wider, die sich von der heutigen tiefgreifend unterscheidet. Dies gilt allemal für das Geschlechterverhältnis, die Familienhierarchien, die Umwelt des Familienverbandes und die Notwendigkeit zur Akzeptanz von bestimmten Handlungszwängen, die heute nicht mehr gelten. Ein notwendiger Rekurs auf biblische Aussagen zu Ehe und Eheschließung bedarf einer historischen und systematischen Vermittlung.

Das christliche Liebesethos gilt auch für das Verhältnis der Ehepartner zueinander. Bei einer ungebrochenen Übertragung wird allerdings nicht gesehen, dass die Ermahnung zur Nächstenliebe eben nicht die Emotionalität erwartet, die nach heutigem Verständnis die Ehe auszeichnet.

Nach reformatorischem Verständnis sind die Aussagen der Bibel zum Zusammenleben der Menschen in ihrer Vielfalt zu beachten und an der Nähe zur Botschaft von der Versöhnung der Welt in Christus und der Rechtfertigung der Menschen bei Gott durch Jesus Christus zu messen.

Von dieser Zentralbotschaft her, die in evangelischer Perspektive zugleich radikal und nüchtern um die Grenzen menschlicher Lebens- und Gemeinschaftsgestaltungen und den beständigen Bedarf an Versöhnung und Neuanfang weiß, muss der Umgang mit den je besonderen biblischen Aussagen zu Ehe und Eheschließung und Scheidung geleitet sein.

Wo Übereinstimmungen wahrgenommen werden, können sie aufgegriffen werden; wo einzelne Aussagen oder gar Vorschriften und Ermahnungen dieser Zentralbotschaft nach heutiger Auffassung widersprechen, sind sie von dort her behutsam zu korrigieren.

Zu dieser Behutsamkeit gehört durchaus auch, die aus heutiger Sicht nicht zu leugnende Schärfe beispielsweise des Scheidungsverbotes bei Matthäus (Mt 19) als kritische Herausforderung gegenüber einer fast ins individuelle Belieben gestellten Auswahl unter den Lebensformen und als Plädoyer für die auf Dauer und Verlässlichkeit zielende Gemeinschaft von Mann und Frau zu lesen. Umgekehrt darf, ja, muss auch dieses Verbot an der Botschaft der Liebe, Zuwendung und Verzeihensbereitschaft Gottes gegenüber den immer wieder sich verfehlenden Menschen seine Grenze finden.

So zeigt sich etwa im Spiegel des Scheiterns von Ehen nicht nur die Fragilität menschlicher Absichten und Treueversprechen, sondern zugleich das Aufkommen der Errungenschaften gleichberechtigter Partnerschaft, vor allem der Verminderung von Abhängigkeiten und der Eröffnung von Freiheitsspielräumen.

Ehescheidungen nehmen – jedenfalls auch – deshalb zu, weil frühere finanzielle wie emotionale wie existentielle Abhängigkeitsverhältnisse der Partner, und das heißt in vielen Fällen: des „Schwächeren" (in der Regel der Frauen, auch und gerade, wenn Kinder vorhanden sind), schwinden.

Wo die Balance zwischen Freiheit und Bindung dauerhaft nicht mehr gelingt und die Ehe nur noch als Verlust eigener Freiheitsgestaltung und Identitätsfindung erlebt wird, kann ihre Dauer nicht Selbstzweck sein. (…)

In jedem Fall tun sich heute Optionen auf, bei denen in der Wahrnehmung der Beteiligten die Intensität der partnerschaftlichen Begegnung, innere Treue, Vertrauen und Bindung der reinen Dauer als Maß, an dem Ehe und Partnerschaft zu messen sind, vorgezogen werden.

Aufgaben

Abbildungen haben keine eigene Nummerierung; sie werden in die Zusammenhänge der Aufgaben zum Text (T1 …) eingebettet.

- Setzen Sie das Motiv des Titelbildes zu den darunter stehenden Bibelworten in Beziehung. Konstruieren Sie einen Kontext und halten Sie fest, welche Deutungsmöglichkeiten sich ergeben.

T1
- Kommentieren Sie schriftlich die Bergpredigt (Mt 5–7). Vergleichen Sie Ihre Position mit der von T1.

T2 T3
- Recherchieren Sie in Gruppen a) zur Entstehung des Dekalogs, b) zur Entstehung der Bergpredigt. Präsentieren Sie Ihre Ergebnisse.
- Vergleichen Sie den Text des Dekalogs in der Bibel (2 Mose 20) mit dem im Kleinen Katechismus (z. B. im EG). Begründen Sie Luthers Veränderungen theologisch.
- Vergleichen Sie den Wortlaut der Zehn Gebote in Ihnen zugänglichen jüdischen, katholischen, reformierten und orthodoxen Quellen mit der lutherischen Fassung.
- Recherchieren Sie den Begriff „Gesetz" im jüdisch-christlichen Kontext. Interpretieren Sie auf diesem Hintergrund den Aufbau der Doppelseite (T2 und T3).
- Stellen Sie die mosaische und die jesuanische Perspektive auf das Gesetz in einer Tabelle mit Stichworten dar.

T4 T5
- „Der Indikativ geht dem Imperativ voraus!" Erläutern Sie die Grundformel der protestantischen Ethik mit Hilfe der Texte von Paulus und Luther.

T5
- Christen, die jede Form von Gewalt ablehnen und den Kriegsdienst verweigern, haben sich besonders auf Mt 5,38ff. berufen. Nehmen Sie dazu auf dem Hintergrund der Argumentation Martin Luthers Stellung.

T6
- Stellen Sie die beiden Problemlösungsversuche, die Wendland umreißt, mit eigenen Worten dar. Suchen Sie nach weiteren Lösungsversuchen in dieser Frage.

T7
- Arbeiten Sie das grundlegende Problem heraus, das die Bergpredigt jeder christlichen Ethik stellt.
- Setzen Sie die Lehre vom dreifachen Gebrauch des Gesetzes in Beziehung zu den freiheitlichen Grundsätzen des Paulus. Beziehen Sie weitere Bibelstellen in Ihre Überlegungen mit ein.

T8 T9
- Setzen Sie die beiden Positionen zur Bedeutung christlicher Ethik für die Gesellschaft zueinander in Beziehung und benennen Sie Gemeinsamkeiten und Widersprüche!
- Erörtern Sie die Problemstellung: „Der göttliche Dekalog als Grundwertekatalog einer säkularen und pluralistischen Gesellschaft?"

T10
- Beschreiben Sie den Konflikt zwischen kasuistischer und eschatologischer Ethik (T3) am Beispiel der Ehescheidung.
- Bei den meisten Neutestamentlern gilt der in Klammer gesetzte Vorbehalt als spätere Hinzufügung. Nennen Sie Argumente, mit denen diese These gestützt werden kann.
- Mit einem konkreten Fall konfrontiert, reagiert Jesus anders als erwartet. Lesen Sie Joh 8 und kommentieren Sie auf dem Hintergrund von Mt 19 und Mt 5 (T 1).

T11 T12
- Legen Sie dar, mit welchen Argumenten die EKD sich von der wörtlichen Übernahme der jesuanischen Forderungen (z. B. Mt 19) entfernt.

T10
- Analysieren Sie, wie die gegenwärtige gesellschaftliche Situation der Ehe in den Ausführungen der EKD berücksichtigt wird.
- Vergleichen Sie die Position der beiden christlichen Kirchen in der Frage der Eheschließung und -scheidung.

Kompetenzen

Ich kann

- über die Textgestalt und die Entstehungsgeschichte der Bergpredigt und des Dekalogs referieren
- die religiöse Bedeutung des Begriffs „Gesetz“ erklären und deutlich machen, wie sich die eschatologische Reich-Gottes-Verkündigung zum mosaischen Gesetz verhält
- verschiedene Auslegungen der Bergpredigt einander gegenüberstellen und die Grundlinien von Luthers Auslegung der beiden biblischen Texte erläutern
- mit Hilfe der theologischen Begriffe „Indikativ“ und „Imperativ“ den Grundansatz christlicher Ethik deutlich machen und an wichtigen Zitaten aus den Paulusbriefen erklären, wie die christliche Freiheit vom Gesetz im Urchristentum verstanden wurde
- die gesellschaftliche Diskussion über die Verbindlichkeit christlicher Werte in einer pluralistischen Gesellschaft wiedergeben und dazu Stellung nehmen

---

„Ehe und Scheidung“ ...

Ich kann

- die Position der evangelischen Kirche (und in Ansätzen auch der katholischen) zur Frage der Ehe und Ehescheidung darstellen
- an dieser Problematik erläutern, wie mit biblischen Texten in ethischen Fragen sachgerecht umgegangen werden muss
- an der Problematik zerbrechender Familien erläutern, welche Bedeutung die Bindung des Gewissens und die Tröstung durch die Vergebung haben

5 Was des Kaisers und was Gottes ist …

Byzantinisches Mosaik Constantins d. Großen, ca. 1000 v. Chr.

So gebt dem Kaiser,
was des Kaisers ist …

Mt 22,21

Der Staat als Gottes gute Ordnung

Paulus ist selbst ein Opfer des Staates, von dem er spricht. Er ist vermutlich 64 n. Chr. bei der Christenverfolgung Kaiser Neros in Rom umgekommen.

Jedermann sei untertan der Obrigkeit, die Gewalt über ihn hat. Denn es ist keine Obrigkeit außer von Gott; wo aber Obrigkeit ist, die ist von Gott angeordnet.

Wer sich nun der Obrigkeit widersetzt, der widerstrebt der Anordnung Gottes; die ihr aber widerstreben, ziehen sich selbst das Urteil zu.

Denn vor denen, die Gewalt haben, muss man sich nicht fürchten wegen guter, sondern wegen böser Werke. Willst du dich aber nicht fürchten vor der Obrigkeit, so tue Gutes; so wirst du Lob von ihr erhalten.

Denn sie ist Gottes Dienerin, dir zugut. Tust du aber Böses, so fürchte dich; denn sie trägt das Schwert nicht umsonst: Sie ist Gottes Dienerin und vollzieht das Strafgericht an dem, der Böses tut.

Darum ist es notwendig, sich unterzuordnen, nicht allein um der Strafe, sondern auch um des Gewissens willen.

Röm 13,1-5

Das 13. Kapitel des Römerbriefes

Es ist in seiner Entschiedenheit ein vielfach missbrauchter und missbrauchbarer Text. Auf dem Hintergrund der Erfahrungen mit den totalitären Staaten des 20. Jahrhunderts erscheint er sogar als tragischer Irrtum: *Jede* Obrigkeit soll von Gott sein?

Eine sachgemäße Interpretation fragt danach, mit welcher Absicht das zu wem gesagt ist. Paulus will deutlich machen: Christliche Existenz findet in der konkreten Welt statt, nicht als Aussteigertum, nicht in der Sonderwelt einer Sekte, nicht in der Traumwelt von Weltflüchtlingen. Der Glaube, dass Gott der Schöpfer dieser Welt ist, erfordert für Paulus ein positives Sich-Einstellen auf die Welt und eben auch auf den Staat. Das haben nicht alle Christen so gesehen.

Sachgemäß ist allerdings auch zu sagen, dass der Dienst des Christen im Staat dort aufhören muss, wo die Teilnahme am staatlichen Leben den Charakter der Selbstzerstörung und des systematischen Unrechts bekommt. Das wird in Röm 13 nicht gesagt und das wiederum öffnet die Tür zum Missbrauch des Textes.

Von Christen und Kaisern

Der Staat als Teufelswerk

Und ich sah ein Tier aus dem Meer steigen, das hatte zehn Hörner und sieben Häupter und auf seinen Hörnern zehn Kronen und auf seinen Häuptern lästerliche Namen.

Und ihm wurde Macht gegeben, zu kämpfen mit den Heiligen und sie zu überwinden; und ihm wurde Macht gegeben über alle Stämme und Völker und Sprachen und Nationen.

Und alle, die auf Erden wohnen, beten es an, deren Namen nicht vom Anfang der Welt an geschrieben stehen in dem Lebensbuch des Lammes, das geschlachtet ist.

Hat jemand Ohren, der höre!

Wenn jemand ins Gefängnis soll, dann wird er ins Gefängnis kommen; wenn jemand mit dem Schwert getötet werden soll, dann wird er mit dem Schwert getötet werden. Hier ist Geduld und Glaube der Heiligen!

Offb 13,1-10

Johannes von Patmos war ebenfalls von staatlicher Verfolgung betroffen. Er schreibt sein Offenbarungsbuch in der Verbannung.

Die Offenbarung des Johannes von Patmos

Er sieht die große Verfolgung der Gemeinde der Heiligen durch den Staat heraufkommen. Der Staat ist für ihn das Römische Reich, das Tier mit der Zahl des Teufels 666, und alle anderen Reiche sind ihm gleich: machtgierige Bestien, die sich gegenseitig zerfleischen.

Den Christen bleibt nur Weltflucht. Als die kleine Schar der Getreuen können sie den Untergang, den Gott als Gericht über diese entarteten Gebilde heraufführt, nur überleben, wenn sie sich vom weltlichen Getriebe fernhalten. Die Geschichte schien dieser apokalyptischen Sichtweise zunächst Recht zu geben. Es folgten Jahrhunderte brutalster Unterdrückung und Ausrottung der Christen.

Konstantin der Große

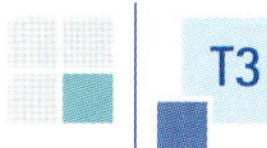

T3

Mit ihm zeigte der Staat dann ein neues, freundlicheres Gesicht. Aber sollte man darauf eingehen? Bis heute wird die Bereitschaft der Kirche des 4. Jahrhunderts, ein Bündnis mit dem Staat zu schließen; sehr unterschiedlich beurteilt.

Die einen sehen darin einen Verrat am Glauben, denn Macht korrumpiert. Das Kreuz darf nicht zum Zeichen von weltlicher Gewalt werden und die Kirche darf schon gar nicht selbst staatliche Macht ausüben. Das Sündenregister der mittelalterlichen Kirche von den Kreuzzügen bis zur Inquisition macht deutlich, welche tragische Fehlentscheidung hier getroffen wurde.

Die anderen weisen darauf hin, dass Christen sich nicht entziehen können, wenn sie in Staat und Gesellschaft die Chance erhalten, die Welt zum Wohle der Menschen mitzugestalten.

Von weltlicher Obrigkeit

von Martin Luther

[Die zum Reich Gottes Gehörenden] brauchen kein weltliches Schwert oder Recht, und wenn alle Welt aus rechten Christen, d. h. aus wahrhaft Gläubigen bestünde, so wäre kein Fürst, König oder Herr, kein Schwert und kein Recht nötig oder von Nutzen.

Denn wozu sollte es ihnen taugen? Haben sie doch den Heiligen Geist im Herzen; der lehrt sie und bewirkt, dass sie niemand Unrecht tun, jedermann lieben und von jedermann gerne und fröhlich Unrecht, ja sogar den Tod leiden. Wo lauter Unrechtleiden und lauter Rechttun ist, da ist kein Zank, Hader, Gericht, Richter, Strafe, Recht oder Schwert notwendig. Darum ist's ausgeschlossen, dass unter den Christen weltliches Schwert und Recht etwas zu schaffen finden sollte; tun sie ja von selbst viel mehr, als alles Recht und Lehre fordern können. (…)

Zum Reich der Welt oder unter das Gesetz gehören alle, die nicht Christen sind. Es sind ja nur wenige gläubig und nur der kleinere Teil verhält sich nach Christenart, dass er dem Übel nicht widerstrebt, ja dass er nicht gar selber Übel tut. Deshalb hat Gott für diese Nichtchristen neben dem Christenstand und Gottes Reich ein andres Regiment geschaffen und hat sie dem Schwert unterworfen. (…)

Denn wenn das nicht so wäre, so würde, wo doch alle Welt böse und unter tausend kaum ein rechter Christ ist, eins das andre fressen (…) dadurch würde die Welt wüste.

Darum hat Gott die zwei Regimente angeordnet: das geistliche, welches Christen und rechtschaffene Leute schafft durch den Heiligen Geist unter Christus, und das weltliche, welches den Unchristen und Bösen wehrt, dass sie äußerlich Frieden halten und still sein müssen wider ihren Willen. (…)

„weltliches Regiment“, S. 67

Hier fragst du weiter, ob denn auch die Büttel, Henker, Richter und Advokaten Christen sein können und einen gottgefälligen Stand haben. Antwort: Wenn die Ausübung der Gewalt und das Schwert, wie oben nachgewiesen wurde, ein Gottesdienst ist, so muss auch das alles Gottesdienst sein, was die Gewalt nötig hat, um das Schwert zu führen. (…)

Wenn nun dein weltlicher Fürst dir gebietet, zum Papst zu halten, so oder so zu glauben, oder wenn er dir gebietet, Bücher herauszugeben, … so sollst du nicht gehorchen. Nimmt er dir deswegen dein Gut und straft solchen Ungehorsam, selig bist du! und danke Gott, dass du gewürdigt bist, um des göttlichen Wortes willen zu leiden.

Martin Luther,
siehe auch S. 24, 61, 84.

Christsein im Privaten?

Karl-Friedrich Haag (geb. 1942), deutscher evangelischer Theologe.

Hier Vernunft und dort die Liebe …

von Karl-Friedrich Haag

Die verschiedenen sozialen Rollen binden einen Menschen ein in das soziale Geflecht einer Gesellschaft mit ihren unterschiedlichen Rollen, Rollenzuweisungen und Rollenerwartungen.

Aus der Sicht des christlichen Glaubens ist sowohl die Unterscheidung von Person und Rolle als auch die Unterscheidung verschiedener Rollen von Bedeutung.

Es gibt Rollen, in denen sich menschliches Verhalten am Maßstab der Vernunft (vernünftiger Argumentation) messen lassen muss. Dort, wo man mit anderen gemeinsam Leben zu gestalten hat (im Bereich politischer Ordnungen etwa), ist man auf gemeinsame Diskussionen und Vereinbarungen aufgrund einleuchtender, vernünftiger Argumente angewiesen.

Aber ein Christenmensch übernimmt „in der Nachfolge Jesu“ auch die Rolle dessen, der um der Liebe willen wider die Erfahrung und wider eine an der Erfahrung orientierte Vernunft mehr gibt und mehr tut, als man „eigentlich“ erwarten kann (vgl. Mt 5,39).

Luthers Unterscheidung von den beiden Regierweisen Gottes kann den Blick dafür öffnen, dass es sinnvoll und sogar notwendig sein kann, dass ein Christ bei den verschiedenen Rollen in seiner Lebensführung sich an verschiedenen Maßstäben (Normen) orientiert.

„Die Herren Pastoren sollen sich
um die Seelen ihrer Gemeinde kümmern,
die Nächstenliebe pflegen,
aber die Politik aus dem Spiel lassen,
dieweil sie das gar nichts angeht.“

Kaiser Wilhelm II.

Christengemeinde und Bürgergemeinde

von Heinz Zahrnt

Also nicht von hinten, von der Schöpfung oder vom Sündenfall her, sondern von vorn, von Christus, von der Erlösung, vom Reich Gottes her blickt Barth auf den Staat: Nicht ein „Produkt der Sünde" ist der Staat, sondern eine „Ordnung der göttlichen Gnade"; nicht mit einem „allgemeinen Schöpfer- und Regierergott" haben wir es in seinem Bereich zu tun, sondern mit dem „Vater Jesu Christi".

So findet von seiten der Christengemeinde ein „eigentümliches Fensteraufreißen" nach der Seite des Staates hin statt. Nicht, dass der Staat eine Vorwegnahme des Reiches Gottes oder eine Wiederholung der Kirche wäre! Der Staat ist durchaus eine eigene, menschliche Ordnung mit einer „relativ selbständigen Substanz, Würde, Funktion und Zielsetzung". Aber eben in dieser relativen Selbständigkeit gehört der Staat auf die Seite Jesu Christi, unter seine Herrschaft. Er besitzt keine eigengesetzliche Existenz, sondern hat seinen Ort und Dienst im Heilsplan Gottes. Er soll die Menschen vor dem Einbruch des Chaos schützen und unter ihnen eine relative, vorläufige Ordnung aufrichten, um ihnen auf diese Weise Zeit zu geben – „Zeit für die Verkündigung des Evangeliums, Zeit zur Buße, Zeit zum Glauben". So steht der Staat wohl „außerhalb der Kirche, aber nicht außerhalb des Herrschaftskreises Jesu Christi – ein Exponent dieses seines Reiches".

Entsprechend beschreibt Barth „Christengemeinde" und „Bürgergemeinde" als zwei konzentrische Kreise, von denen die Christengemeinde den inneren, engeren, die Bürgergemeinde den äußeren, weiteren bildet. Beide Kreise haben als gemeinsame Mitte das von der Christengemeinde verkündigte Reich Gottes. (…)

Der Staat ist eine eigene, menschliche, vergängliche Größe, und darum kommt eine einfache und absolute Gleichung zwischen ihm und der Kirche respektive dem Reich Gottes nicht in Frage. Andererseits aber hat der Staat keine Eigengesetzlichkeit und selbständige Natur, und darum kommt auch eine einfache und absolute Ungleichung zwischen ihm und der Kirche respektive dem Reiche Gottes nicht in Frage. Was übrigbleibt, ist somit auch hier wiederum das Gleichnis, die **Analogie:** „Die Gerechtigkeit des Staates in christlicher Sicht ist seine Existenz als ein Gleichnis, eine Entsprechung, ein Analogon zu dem in der Kirche geglaubten und von der Kirche verkündigten Reich Gottes."

Heinz Zahrnt (1915–2003), evangelischer Theologe.

„Das deutsche Volk leidet an der Erbschaft des größten christlichen Deutschen, an dem Irrtum Martin Luthers hinsichtlich des Verhältnisses … von weltlicher und geistlicher Ordnung und Macht."

Karl Barth

Wir können ja nicht schweigen

Karl Barth (1886–1968), Schweizer evangelischer Theologe, Mitgründer der Bekennenden Kirche und Verfasser der Barmer Theologischen Erklärung.

Barmer Theologische Erklärung (1934)

Wir bekennen uns angesichts der die Kirche verwüstenden und damit auch die Einheit der deutschen Evangelischen Kirche sprengenden Irrtümer der Deutschen Christen und der gegenwärtigen Reichskirchenregierung zu folgenden evangelischen Wahrheiten:

1 Jesus Christus, wie er uns in der Heiligen Schrift bezeugt wird, ist das eine Wort Gottes, das wir zu hören, dem wir im Leben und im Sterben zu vertrauen und zu gehorchen haben.

Wir verwerfen die falsche Lehre, als könne und müsse die Kirche als Quelle ihrer Verkündigung außer und neben diesem einen Worte Gottes auch noch andere Ereignisse und Mächte, Gestalten und Wahrheiten als Gottes Offenbarung anerkennen.

2 Wie Jesus Christus Gottes Zuspruch der Vergebung aller unserer Sünden ist, so und mit gleichem Ernst ist er auch Gottes kräftiger Anspruch auf unser ganzes Leben; durch ihn widerfährt uns frohe Befreiung aus den gottlosen Bindungen dieser Welt zu freiem, dankbarem Dienst an seinen Geschöpfen.

Wir verwerfen die falsche Lehre, als gebe es Bereiche unseres Lebens, in denen wir nicht Jesus Christus, sondern anderen Herren zu eigen wären, Bereiche, in denen wir nicht der Rechtfertigung und Heiligung durch ihn bedürften.

5 Die Schrift sagt uns, dass der Staat nach göttlicher Anordnung die Aufgabe hat, in der noch nicht erlösten Welt, in der auch die Kirche steht, nach dem Maß menschlicher Einsicht und menschlichen Vermögens unter Androhung und Ausübung von Gewalt für Recht und Frieden zu sorgen. Die Kirche erkennt in Dank und Ehrfurcht gegen Gott die Wohltat dieser seiner Anordnung an. Sie erinnert an Gottes Reich, an Gottes Gebot und Gerechtigkeit und damit an die Verantwortung der Regierenden und Regierten. Sie vertraut und gehorcht der Kraft des Wortes, durch das Gott alle Dinge trägt.

Wir verwerfen die falsche Lehre, als solle und könne der Staat über seinen besonderen Auftrag hinaus die einzige und totale Ordnung menschlichen Lebens werden und also auch die Bestimmung der Kirche erfüllen.

Enzyklika: „Mit brennender Sorge" (1937)

von Papst Pius XI.

T8

Kein Gottesglaube wird sich auf die Dauer rein und unverfälscht erhalten, wenn er nicht gestützt wird vom Glauben an Christus. „Niemand kennt den Sohn außer dem Vater, und niemand kennt den Vater außer dem Sohn, und wem es der Sohn offenbaren will." (Mt 11,27) (...) Es darf also niemand sagen: Ich bin gottgläubig, das ist mir Religion genug.

Die heiligen Bücher des Alten Bundes sind ganz Gottes Wort, ein organischer Teil seiner Offenbarung. Der stufenweisen Entfaltung der Offenbarung entsprechend liegt auf ihnen noch der Dämmer der Vorbereitungszeit auf den vollen Sonnentag der Erlösung. Wie es bei Geschichts- und Gesetzbüchern nicht anders sein kann, sind sie in manchen Einzelheiten ein Spiegelbild menschlicher Unvollkommenheit, Schwäche und Sünde... Wer die biblische Geschichte und die Lehrweisheit des Alten Bundes aus Kirche und Schule verbannt sehen will, lästert das Wort Gottes, lästert den Heilsplan des Allmächtigen, macht enges und beschränktes Menschendenken zum Richter über göttliche Geschichtsplanung...

Der im Evangelium Jesu Christi erreichte Höhepunkt der Offenbarung ist endgültig, ist verpflichtend für immer. Diese Offenbarung kennt keine Nachträge durch Menschenhand, kennt erst recht keinen Ersatz und keine Ablösung durch die willkürlichen „Offenbarungen", die gewisse Wortführer der Gegenwart aus dem sogenannten Mythus von Blut und Rasse herleiten wollen.

Wer in sakrilegischer Verkennung der zwischen Gott und Geschöpf, zwischen dem Gottmenschen und den Menschenkindern klaffenden Wesensunterschiede irgendeinen Sterblichen, und wäre er der Größte aller Zeiten, neben Christus zu stellen wagt, oder gar über Ihn und gegen Ihn, der muss sich sagen lassen, dass er ein Wahnprophet ist, auf den das Schriftwort erschütternde Anwendung findet: „Der im Himmel wohnt, lachet ihrer" (Psalm 2,4).

Papst Pius XI. (1857–1939), Papst von 1922–1939.

Person und Gemeinschaft

Die vier Grundprinzipien der *katholischen Soziallehre* entsprechen dem biblischen Menschenbild, sind aber ebenso aus dem Naturrecht ableitbar und deshalb für jeden Menschen guten Willens nachvollziehbar.

Das Prinzip der Personalität. Der Mensch ist seinem Wesen nach Person und insofern kann er niemals nur als Glied in einer Gemeinschaft gesehen werden. Umgekehrt ist jede menschliche Gemeinschaft auf die Erhaltung, Förderung und Vollendung der Einzelperson angelegt. Auch der Staat existiert nur für die Einzelpersonen, keinesfalls umgekehrt. Daraus folgt die Ablehnung jeder Staatsform, die grundlegende Rechte des Einzelnen hinter den Forderungen des Staates, der Klasse oder der Volksgemeinschaft zurücktreten lässt. Die freie und vernünftige Persönlichkeit des Menschen kann sich jedoch nur in der Begegnung mit anderen Menschen entwickeln. Er ist auch als Einzelwesen immer auf eine Gemeinschaft bezogen, in der und für die er Verantwortung trägt. Jede Gemeinschaft muss daher die Verantwortlichkeit der Einzelpersonen stärken.

Wichtig ist es zu erkennen, dass sich das Gelingen oder Verfehlen menschlicher Existenz keinesfalls im Staatlich-Gesellschaftlichen entscheidet. Der Sinn menschlichen Lebens geht auch nicht im rein Diesseitigen auf. Jede Hoffnung auf eine ideale Gesellschaftsform als Erlösung und endgültige Befreiung des Menschen lässt dies außer Betracht. Die Aufgabe des Staates ist also von vorneherein begrenzt.

Das Prinzip des Gemeinwohls. Das Ziel des Staates und der Gesellschaft ist das Gemeinwohl. Das kann aber nicht so verstanden werden, dass die Interessen des Einzelnen dem Wohl des Ganzen einfach untergeordnet werden. Es geht vielmehr darum, das gesellschaftliche Leben so zu ordnen, dass die Aktivitäten von Einzelnen und gesellschaftlichen Gruppen zum Wohle des Ganzen zusammenwirken können. Dabei ist es Aufgabe des Staates, Rahmenbedingungen zu setzen, die den Spielraum der gesellschaftlichen Kräfte nur soweit einengen, wie es zum gemeinsamen Besten unbedingt erforderlich ist.

Damit wird ein Staat kritisiert, der in falschem Liberalismus die Unterdrückung und Ausbeutung der Schwachen durch die Starken nicht verhindert und den gesellschaftlichen Kräften auch dort freies Spiel gibt, wo der Egoismus Einzelner die Existenz- und Entfaltungsmöglichkeiten anderer stark bedroht.

Das Prinzip der Solidarität. Keine menschliche Einzelperson ist für sich allein lebensfähig. Kein Mensch existiert außerhalb der Geschichte seines Gemeinwesens. So ist jeder Mensch schon von seinen eigenen Existenzbedingungen her immer an andere Menschen verwiesen.

Aus der Tatsache dieser „Schicksalsgemeinschaft" lässt sich die Verpflichtung zur Solidarität ableiten. Humane Lebensgestaltung ist nur im Miteinander denkbar, denn der Einzelne ist auf die Dienste der Gemeinschaft ebenso angewiesen, wie andererseits die Gemeinschaft nur bestehen kann, wenn die Einzelnen ihren Beitrag leisten. Jede Gesellschaft gründet sich also auf das Prinzip der Solidarität und muss daher versuchen, Lasten gerecht zu verteilen. Daraus ergibt sich auch die Verpflichtung, weder Einzelne noch bestimmte Gruppen aus der Solidargemeinschaft auszugrenzen.

Die gegenwärtige Weltsituation der wechselseitigen internationalen Abhängigkeiten lässt deutlich werden, dass die Verpflichtung zur Solidarität sich immer weniger auf ein bestimmtes Staatsgebilde beschränken lässt und immer mehr die Menschheit als Ganze umfassen muss.

Das Prinzip der Subsidiarität. Ausgangspunkt aller gesellschaftlichen Organisation ist der einzelne Mensch, der sich mit anderen freiwillig und zu begrenzten Zwecken zusammenschließt. Bei diesem Gesellschaftsaufbau von unten nach oben gibt der Mensch von seiner Verantwortung jeweils nur so viel und so lange an die Gemeinschaft ab, wie es die Sachlage erfordert. Daraus begründet sich das Prinzip, ein Problem nur dann gesellschaftlich und allgemeinverbindlich zu lösen, wenn eine Lösung durch die einzelnen Betroffenen unmöglich ist.

Damit soll ausgeschlossen werden, dass die gesellschaftlichen und staatlichen Institutionen immer mehr Macht an sich ziehen und der Einzelne auf diese Weise entmündigt wird. Das Subsidiaritätsprinzip will die Eigenrechte und die Eigenverantwortlichkeit der Menschen gegenüber einer totalen Zuständigkeit des Staates schützen, nicht nur, weil sich Entscheidungen auf unterer Ebene meist als effektiver und praxisnäher erweisen, sondern auch, weil nur so die Würde der Person gewahrt werden kann.

Dieser Grundsatz richtet sich also ebenso gegen staatlichen Bürokratismus und die Tendenz gesellschaftlicher Institutionen, sich unentbehrlich zu machen, wie gegen die bequeme Versorgungs- und Anspruchsmentalität der Bürger.

Die Frage nach dem Wert der Arbeit

Warum verdient ein Banker tausend Mal mehr als eine Krankenschwester?

Auf diese Frage gibt es verschiedene Antworten, je nachdem, wem man sie stellt. Der am meisten genannte Grund ist der *Marktwert.* Bankmanager sind eben gefragt. Angebot und Nachfrage regelt hier den Preis. Der Spitzenmanager eines Großbetriebs, ein Fußballtrainer oder ein bekannter Fernsehstar können ihr Gehalt frei aushandeln. Das gilt aber nur für ganz wenige Spitzenpositionen. Im Normalfall des Ingenieurs, Beamten oder eben der Krankenschwester stehen die Vergütungen mehr oder weniger fest. Sie richten sich nach den Traditionen in einer Gesellschaft und nach Tarifverträgen. Eine Krankenschwester mit einem typischen Frauenberuf hat da schlechte Karten.

Die Gehaltsunterschiede werden auch oft damit gerechtfertigt, dass die verschiedenen **Berufe** unterschiedlich lange und intensive Ausbildungen voraussetzen. Wer lange Ausbildungszeiten hinter sich bringen und viel in seine Ausbildung investieren muss, möchte am Ende auch entsprechend belohnt werden. Allerdings sind in unserer Gesellschaft die Wissenschaftler nicht unbedingt die Spitzenverdiener.

Eine andere Rechtfertigung für die bessere Bezahlung von leitenden Tätigkeiten besteht darin, dass in solchen Funktionen eine große Urteilsfähigkeit verlangt wird, weil weitreichende Entscheidungen getroffen werden müssen, die Auswirkungen auf viele andere Menschen haben. Diese Tätigkeiten sind mit einer großen Verantwortung verbunden. Allerdings muss man sagen, dass das für die Krankenschwester in gewisser Weise auch zutrifft.

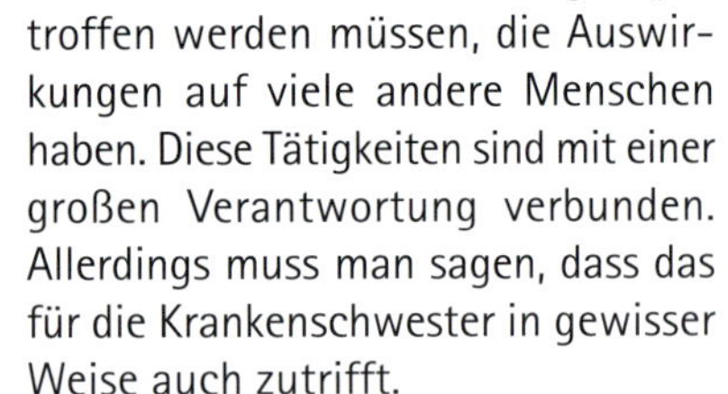

Ein Manager muss mit seinen Entscheidungen dafür sorgen, dass sein Betrieb konkurrenzfähig bleibt und die Arbeitsplätze erhalten werden. Auch wird darauf hingewiesen, dass unternehmerisches Handeln zur „finanziellen Wertschöpfung" beiträgt, also nur durch das geschickte Handeln der Firmenleitung ein Gewinn erzielt wird, der dann verteilt werden kann. Es hat sich aber herausgestellt, dass

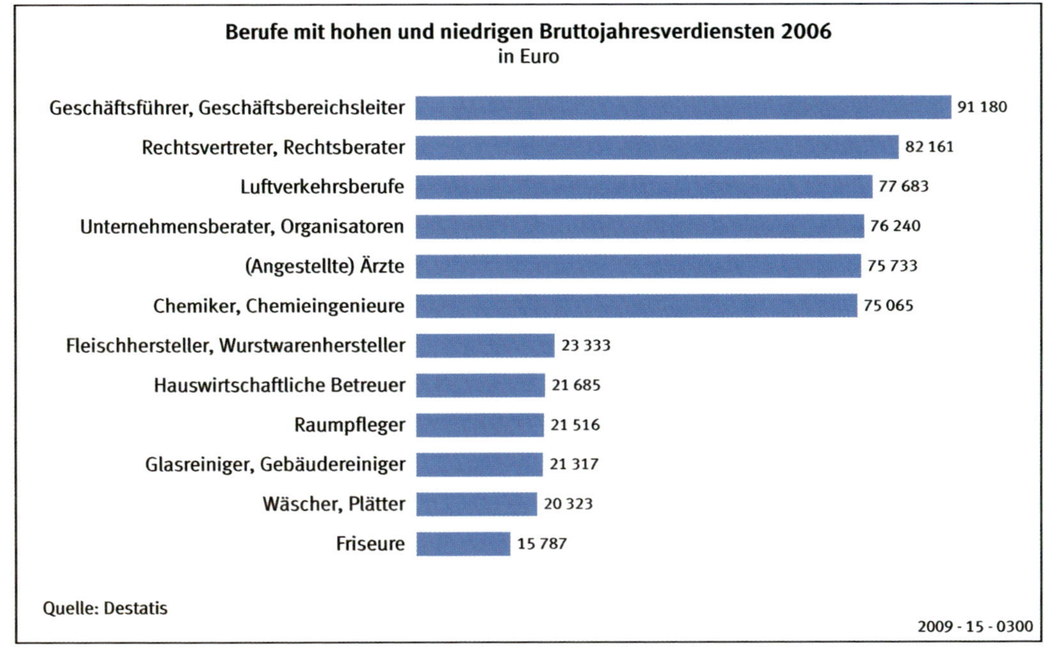

das Risiko falscher Entscheidungen oft nur die Arbeitnehmer mit geringem Einkommen tragen, während der Manager, der einen Konzern ruiniert hat, eine großzügige Abfindung erhält und weiterzieht. Die „Bürde der großen Verantwortung" ist hier also eher symbolisch gemeint und die wütend zurückbleibenden Arbeitslosen sprechen von den Chefs oft als „Nieten in Nadelstreifen".

Ein weiteres Argument für die astronomisch hohen Gehälter und Bonuszahlungen für viele Wirtschaftslenker und Finanzjongleure ist die Annahme, dass nur so hohe Zahlungen jemanden motivieren können, rund um die Uhr mit vollem persönlichen Einsatz zu arbeiten und die beste Leistung für das Unternehmen zu bringen. Eine schlecht bezahlte, allein erziehende Mutter mit ein oder zwei Nebenjobs kommt aber oft auf dieselben langen Arbeitszeiten und setzt sich nicht weniger ein.

Investmentbanker, die in der allerhöchsten Bonus-Klasse mitspielen, seien, so heißt es, ganz außergewöhnliche Begabungen, deren einzigartige Talente man gar nicht hoch genug bezahlen kann. Besonderes Talent und Genialität wird aber nicht in allen Bereichen finanziell honoriert. Künstler können im wahrsten Sinne des Wortes ein Lied davon singen.

Da also weder eine neutrale Instanz zur Bewertung von Arbeit und Leistung, noch klare, von allen akzeptierte Kriterien für die Lohnhöhe existieren, wird sich an den Gehaltsunterschieden auch weiterhin vor allem ablesen lassen, wer in einer Gesellschaft die Macht hat, seine Interessen durchzusetzen.

Arbeit adelt …

von Martin Luther

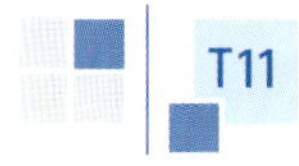

Martin Luther,
siehe auch S. 24, 61, 75.

Denn Gott will keine faulen Müßiggänger haben, sondern man soll treulich und fleißig arbeiten, ein jeglicher nach seinem Beruf und Amt, so will er den Segen und das Gedeihen dazu geben. Der Mensch ist zur Arbeit geboren wie der Vogel zum Fliegen.

Ein jeder hat seinen Beruf, in welchem er Gott dient, wenn er desselben fleißig wartet. Eine Obrigkeit, die ihren Untertanen wohl vorsteht und regieret, dienet Gott; eine Hausmutter, die ihre Kinder wartet; ein Hausvater, der sich seiner Arbeit nähret; ein Schüler, der fleißig studiert, dienet Gott.

Es ist ein Elend in diesem Leben! Die in Muße und Wohlstand leben, wollen nichts schaffen; und die anderen werden daran verhindert durch ihre Armut und durch ihre Belastung mit einem vielerlei von Geschäften.

Wer treulich arbeitet, der betet zwiefältig. Aus dem Grunde, dass ein gläubiger Mensch in seiner Arbeit Gott fürchtet und ehret und an seine Gebote denkt.

Alle Arbeit ist nichts anderes als ein Finden und Aufheben der Güter Gottes. Gott sorgt, wir aber sollen arbeiten.

Arbeit und Menschenwürde

EKD-Synode 2006

T12

Arbeit muss ihren gottgegebenen Charakter bewahren als eine Aktivität, die der Gottesebenbildlichkeit der Menschen würdig ist. Die Entmenschlichung von Arbeit durch ihre Umwandlung in eine seelenlose, stumpfsinnige Schufterei ist unannehmbar und steht im Gegensatz zu Gottes Plan für die Menschheit. Gleichzeitig adelt der kreative Instinkt die Arbeit, da er sie Gottes Absichten näher bringt. Daraus folgt, dass eine christliche Arbeitsethik die Würde der Arbeit dadurch zu maximieren sucht, dass sie den kreativen Einsatz maximiert. Dadurch bereichert sie das Gemeinwohl. (...)

Eine christliche Ethik der Arbeit, die den Charakter aller Arbeit als Berufung und den göttlichen Funken in ihr anerkennt, muss jede Darstellung von Arbeit als einer Ware, die man ausnutzen kann, oder von Arbeitern als von Natur aus arbeitsscheu oder faul zurückweisen. Arbeitslosigkeit ist nicht nur eine Verschwendung, sondern widerspricht auch dem Entwurf Gottes. Menschen wollen arbeiten, solange die ihnen verfügbare Arbeit gute Arbeit ist. (...)

Die Höhe der Vergütung wird notwendig von den Marktbedingungen beeinflusst, welche bereits genannte Faktoren wie Knappheit und den Grad der gefragten Qualifikation mit berücksichtigen. Ethische Bedenken jedoch verbieten Löhne, die so niedrig sind, dass sie der Ausbeutung gleichkommen. Der Mindestlohn ist ein annehmbares Mittel, dies zu verhindern.

Arm trotz Arbeit

T13

Mit der Einführung des Arbeitslosengeldes I und II wurde der Grundstein zum Niedriglohnsektor in Deutschland gelegt. Die Höhe von Arbeitslosengeld bzw. -hilfe orientierte sich früher am letzten Nettoeinkommen. Durch die Zusammenlegung von Arbeitslosengeld und Sozialhilfe wurden die Zahlungen an die Arbeitslosen (jetzt oft **Hartz IV** genannt) meist auf das Sozialhilfeniveau gedrückt, d.h. sie orientieren sich nun nur noch im ersten Jahr am früheren Einkommen (ca. 60 % davon) und sinken dann auf das Existenzminimum.

Diese Liberalisierung des Arbeitsmarktes hat zur Folge, dass Arbeitslose auch Tätigkeiten annehmen müssen, die sehr schlecht bezahlt werden und die trotz Vollzeitbeschäftigung ein Leben in Armut bedeuten. Die niedrigen Stundenlöhne ermöglichen es sogenannten Geringverdienern nicht, ein menschenwürdiges Mindesteinkommen zu erreichen, sodass der Staat mit Zusatzleistungen einspringen muss. Solche Beschäftigungsverhältnisse nehmen zu und betreffen heute im Jahr 2010 in Deutschland mehr als 6,5 Mio. Menschen, das ist mehr als ein Fünftel aller Arbeitnehmer. Besonders problematisch ist, dass eine gesellschaftliche Schicht im Entstehen begriffen ist, bei der die Perspektivlosigkeit oft auf die nächste Generation übertragen wird. Soziologen und Journalisten sprechen vom **„Prekariat"**, von Menschen, die vom normalen Arbeitsmarkt chancenlos abgekoppelt sind und auf Dauer von Sozialunterstützung leben.

Unternehmerisches Handeln in evangelischer Perspektive

Denkschrift des Rates der EKD 2008

Seit der Reformation hat die Vorstellung vom Beruf in der protestantischen Tradition einen besonderen Stellenwert. Mit der Begrifflichkeit des Berufs wird die auftragsgemäße, tätige Entwicklung und Nutzung der von Gott gegebenen Fähigkeiten auf einen prägnanten Begriff gebracht. Der Beruf bezeichnet die Schnittstelle zwischen der individuellen Bestimmung eines Menschen und den Anforderungen der Gemeinschaft. Wer seine von Gott ihm zugeeignete Berufung erkennt, kann in der Spannung zwischen seinen Eigeninteressen und seinem Dienst für andere den eigenen konkreten Platz in der Gesellschaft finden und dort eine legitime Interessenentfaltung entwickeln. Sie ist jedoch nur dann und so weit legitim, als sie sich nicht verselbstständigt, sondern an die Gebote Gottes gebunden und im Dienst für andere realisiert wird.

Zur modernen Freisetzung von moralisch fragwürdigen Verhaltensweisen wie Gier und Geiz steht sie folglich im Widerspruch. Auch der Beruf des Unternehmers ist in dieser Sichtweise auf den christlichen Glauben bezogen. Die Motivation zu einem ökonomischen Handeln in hoher Qualität speist sich aus der Pflicht, den Ruf in die Verantwortung wahrzunehmen und die eigenen Gaben zum Nutzen aller fruchtbar zu machen und erst sekundär aus der mit diesem Tun verbundenen Befriedigung durch Erfolgserlebnisse oder Gewinne. In gewisser Weise bedeutet dies, dass im Beruf die Dinge um ihrer selbst willen, um Gottes und des Nächsten willen getan werden. Das aber steht in deutlicher Spannung zum neuzeitlichen Wirtschaftsstil, bei dem der Erfolg an der Börse zum entscheidenden Kriterium zu werden droht. Berufliche Tätigkeit kann nach Martin Luther als Gottesdienst im Alltag der Welt begriffen werden und erreicht damit die Dimension, die bereits mit der Vorstellung der menschlichen Arbeit als Mitarbeit in Gottes Schöpfung angesprochen worden ist. (…)

Unverhältnismäßig hohe Gehälter von Managern zerstören das Vertrauen der Menschen in die Wirtschaft. Der Abstand zwischen Gehältern in einem Unternehmen muss vor den Beziehern der geringsten Gehälter gerechtfertigt werden können (…)

Ein besonderer Gegenstand öffentlicher Aufmerksamkeit und einer entsprechenden Skandalisierung und Erregung sind die Höhen der Gehälter von Vorstandsmitgliedern und Managern sowie anderer Leistungen wie Abfindungen oder geldwerter Leistungen (…)

Als besonders empörend werden steigende Gehälter dann empfunden, wenn der Grund hierfür in der Steigerung des Unternehmenswertes durch Entlassungen von Mitarbeitern lag – was dem Gerechtigkeitsempfinden der Menschen erheblich widerspricht, selbst wenn die Ertragslage gestiegen ist und damit sogar langfristig Arbeitsplätze gesichert werden konnten (…)

Grundsätzlich wird man auch aus Gerechtigkeitsgründen dann nichts gegen hohe und höchste Gehälter sagen können, wenn sie auf klar zurechenbarer Leistung beziehungsweise dem Beherrschen von Risiken und Gefahren und einer Steigerung des Unternehmenswerts beruhen, von der auch die Beschäftigten profitieren (…)

Allerdings ist es dann auch völlig berechtigt, von den Beziehern dieser Einkommen ein entsprechend gesteigertes Maß an Einsatz und Vorbildhaftigkeit zu erwarten. Sozialethisch muss die Höhe der obersten Einkommen prinzipiell auch vor den Empfängern der geringsten Einkommen gerechtfertigt werden können.

In der jüngsten Zeit ist allerdings in vielen Fällen der Eindruck entstanden, dass beträchtliche Erhöhungen der Vorstands- und Managerbezüge nicht auf deren Leistung beruhen. Insbesondere bei Abfindungen entstand gelegentlich sogar der Eindruck, dass auch Versagen faktisch belohnt wurde.

Deshalb gilt es, für einen Geist des Wirtschaftens einzutreten, wie er in diesem Text beschrieben wird: für eine Wirtschaft mit allen und für alle. In ihr muss es Einkommensdifferenzen geben, aber für extreme Abstände gibt es keine Rechtfertigung!

Aufgaben

Abbildungen haben keine eigene Nummerierung; sie werden in die Zusammenhänge der Aufgaben zum Text (T1 …) eingebettet.

T1 T2 T3

- Vergleichen Sie die Idee eines „christlichen Staatswesens" und die Rolle der Christen darin mit den urchristlichen Positionen in T1 und T2!
- Arbeiten Sie heraus, welche Gesichtspunkte für Christen bei der Beurteilung von pluralistisch verfassten Staaten wichtig sind.
- Legen Sie dar, welche Grundsätze einer sachorientierten Bibelauslegung bei der Gegensätzlichkeit der beiden Texte beachtet werden müssen.
- Angenommen, T1 und T2 stammen aus Briefen, in denen die Verfasser miteinander um den richtigen Weg der Kirche ringen. Verfassen Sie einen eigenen Text in etwa derselben Länge, in dem Sie den Verfassern Ihre Meinung dazu begründen.
- „In diesem Zeichen wirst du siegen" und: „Gott mit uns" am Koppelschloss deutscher Soldaten – recherchieren Sie jeweils den historischen Kontext. Nehmen Sie Stellung zu dem dahinter stehenden Verhältnis von „Christus" und „Staat".

T4

- Recherchieren Sie die historische Situation, in der Luthers Schrift entsteht, und an wen sie sich richtet.
- Entwerfen Sie eine Grafik, die Luthers Auffassung von den zwei unterschiedlichen Regimenten Gottes – bekannt als Zwei-Reiche-Lehre – veranschaulicht.
- Diskutieren Sie, ob sich aus Luthers Lehre ein Widerstandsrecht der Christen in einem totalitären Unrechtsstaat ableiten lässt (z. B. für Dietrich Bonhoeffer Kap 2, T9).

T5 T6

- Erläutern Sie die Rollen und Verhaltensprogramme an kontroversen Beispielen und Situationen. Diskutieren Sie jeweils, ob es um eine christliche Überbietung der weltlichen Gerechtigkeit oder um einen Widerspruch zur Staatsräson geht.

T7 T8

- Rekonstruieren Sie aus T7 und T8 die Auffassung der Nationalsozialisten von einer „artgemäßen deutschen Religion" und den Aufgaben von Staat und Kirche.
- Erläutern Sie anhand von T7, wie sich die Barmer Erklärung zur Zwei-Reiche-Lehre Luthers verhält. Beziehen Sie die Äußerung Karl Barths (unter T8) mit ein, der einer der Verfasser der Barmer Thesen war.

T9

- Vergleichen Sie die theologischen Ansatzpunkte Luthers, Barths und der katholischen Soziallehre. Analysieren Sie: Was folgt daraus für die Aufgaben des Christen in Staat und Gesellschaft heute?

T10

- Unterstützen Sie die Thesen des Textes, indem Sie statistisches Material recherchieren und aussagekräftig aufbereiten.
- Suchen Sie weitere Gründe für die Differenzen in der Bezahlung verschiedener Tätigkeiten und diskutieren Sie ihre Berechtigung.

T11 T12

- Seit den Arbeiten des Soziologen Max Weber spricht man von einer spezifisch protestantischen Berufsethik, für die Arbeit so etwas wie weltlicher Gottesdienst sei. Überprüfen Sie diese These an den Lutherzitaten (T11 und T12) und beziehen Sie die Grundaussagen der Rechtfertigungslehre mit ein.

T13 T14

- Entfalten Sie die Feststellungen der EKD zur menschlichen Arbeit zu einer theologischen Begründung und Einschätzung der Arbeit. Beziehen Sie biblische Texte mit ein.
- Untersuchen Sie (möglichst fächerübergreifend), welche Rolle die fortschreitende Globalisierung der Wirtschaft für den Arbeitsmarkt in unserem Land spielt.

T13 – Arbeiten Sie Faktoren einer protestantischen Auffassung vom Beruf heraus und legen Sie
T14 dar, welche Rolle diese Einschätzung bei Ihrer Berufswahl spielen könnte.

– Untersuchen Sie, welche Position das EKD-Papier in der gesellschaftlichen Diskussion um Spitzengehälter in der Wirtschaft einnimmt. Diskutieren Sie diesen Standpunkt.

Kompetenzen

Ich kann

- verschiedene biblische Texte bezüglich des Verhältnisses des Christen zum Staat einordnen und vor ihrem historischen Hintergrund auslegen
- die Problematik der konstantinischen Wende erläutern und die Folgen dieser Entscheidung an historischen Beispielen verdeutlichen
- Luthers Auffassung von den unterschiedlichen Regimenten Gottes in ihrer Entstehung, ihrem theologischen Ansatz und ihren historischen Folgen entfalten
- die kritischen Gegenpositionen der katholischen Kirche und in der Theologie der Bekennenden Kirche (Karl Barth) zu Luthers Auffassung in Beziehung setzen

Die Frage nach dem Wert der Arbeit

Ich kann

- die Frage nach der gerechten Bewertung und Bezahlung von Arbeit in unserer Gesellschaft aus unterschiedlichen Blickwinkeln diskutieren
- den sozialethischen Ansatzpunkt lutherischer Berufsethik erklären und theologisch untermauern
- Standpunkte und Thesen der evangelischen Kirche in dieser Diskussion entfalten und begründen

6 Sehnsucht nach Unsterblichkeit

Denn tausend Jahre sind
vor dir wie der Tag,
der gestern vergangen ist,
und wie eine Nachtwache.

Psalm 90,4

Perspektiven

Kleine Fabel

von Franz Kafka

T1

„Ach", sagte die Maus, „die Welt wird enger mit jedem Tag. Zuerst war sie so breit, dass ich Angst hatte, ich lief weiter und war glücklich, dass ich endlich rechts und links in der Ferne Mauern sah, aber diese langen Mauern eilen so schnell aufeinander zu, dass ich schon im letzten Zimmer bin, und dort im Winkel steht die Falle, in die ich laufe." – „Du musst nur die Laufrichtung ändern", sagte die Katze und fraß sie.

Franz Kafka (1883–1924), deutschsprachiger Schriftsteller.

Halbschlaf

von Karl Kraus

T2

Bevor ich war und wenn ich nicht mehr bin,
wie war ich da, wie werde ich da sein?
Zuweilen dringen Duft und Rausch und Schein
vom Ende her und von dem Anbeginn.

Hab ich geschlafen? Eben schlaf ich ein,
und nun verwaltet mich ein andrer Sinn,
noch bin ich außerhalb, schon bin ich drin,
noch weiß ich es, und füge mich schon drein.

Dies Ding dort ruft, als hätt' ich's oft geschaut,
und dies da blickt wie ein vertrauter Ton,
und an den Wänden wird es bunt und laut.

Dort wartet lang mein ungeborner Sohn,
hier stellt sich vor die vorbestimmte Braut,
und was ich damals war, das bin ich schon.

Karl Kraus (1874–1936), deutscher Schriftsteller.

Definition

von Erich Fried

Ein Hund
der stirbt
und der weiß
daß er stirbt
wie ein Hund

und der sagen kann
daß er weiß
daß er stirbt
wie ein Hund
ist ein Mensch.

Erich Fried (1921–1988), Lyriker, Essayist.

Jeder ist von seiner Unsterblichkeit überzeugt

von Sigmund Freud

T4

Wenn man uns anhörte, so waren wir natürlich bereit zu vertreten, dass der Tod der notwendige Ausgang alles Lebens sei, dass jeder von uns der Natur einen Tod schulde und vorbereitet sein müsse, die Schuld zu bezahlen, kurz, dass der Tod natürlich sei, unableugbar und unvermeidlich. In Wirklichkeit pflegten wir uns aber zu benehmen, als ob es anders wäre. Wir haben die unverkennbare Tendenz gezeigt, den Tod beiseite zu schieben, ihn aus dem Leben zu eliminieren. Wir haben versucht, ihn totzuschweigen; wir besitzen ja auch das Sprichwort: man denke an etwas wie an den Tod. Wie an den eigenen natürlich. Der eigene Tod ist ja auch unvorstellbar, und so oft wir den Versuch dazu machen, können wir bemerken, dass wir eigentlich als Zuschauer weiter dabei bleiben. So konnte in der psychoanalytischen Schule der Ausspruch gewagt werden: Im Grunde glaube niemand an seinen eigenen Tod oder, was dasselbe ist: Im Unbewussten sei jeder von uns von seiner Unsterblichkeit überzeugt.

Natürlich lassen sich Todesfälle durch dies unser Zartgefühl nicht zurückhalten; wenn sie sich ereignet haben, sind wir jedesmal tief ergriffen und wie in unseren Erwartungen erschüttert. Wir betonen regelmäßig die zufällige Veranlassung des Todes, den Unfall, die Erkrankung, die Infektion, das hohe Alter, und verraten so unser Bestreben, den Tod von einer Notwendigkeit zu einer Zufälligkeit herabzudrücken. Eine Häufung von Todesfällen erscheint uns als etwas überaus Schreckliches. Dem Verstorbenen selbst bringen wir ein besonderes Verhalten entgegen, fast wie eine Bewunderung für einen, der etwas sehr Schwieriges zustande gebracht hat. Wir stellen die Kritik gegen ihn ein, sehen ihm sein etwaiges Unrecht nach, geben den Befehl aus: De mortuis nil nisi bene, und finden es gerechtfertigt, dass man ihm in der Leichenrede und auf dem Grabstein das Vorteilhafteste nachrühmt.

Sigmund Freud (1856–1939), österreichischer Psychologe und Begründer der Psychoanalyse. Siehe auch S. 29.

Gibt es ein Weiterleben nach dem Tod?

von Bertrand Russell

Bevor wir sinnvoll darüber diskutieren können, ob wir nach dem Tode weiterleben werden, sollten wir uns darüber klar werden, in welchem Sinne ein Mensch dieselbe Person ist, die er gestern war. Die Philosophen glaubten, es gäbe bestimmte Substanzen, den Leib und die Seele, die von Tag zu Tag fortbestünden, und eine Seele, sobald sie einmal geschaffen sei, lebe bis in alle Ewigkeit fort, wogegen der Leib vom Tode bis zur Auferstehung des Fleisches zeitweise zu existieren aufhöre.

Soweit diese Lehre das gegenwärtige Leben betrifft, ist sie fast mit Sicherheit falsch. Die Materie des Körpers ändert sich ständig durch Nahrungsaufnahme und -ausscheidung. (…)

Das Gleiche gilt für den Geist. Wir denken, fühlen und handeln, aber neben den Gedanken, Gefühlen und Handlungen gibt es keine reine Einheit, weder Geist noch Seele, die diese Vorkommnisse verursacht oder erleidet. (…)

Unsere Erinnerungen und Gewohnheiten sind an die Gehirnstruktur gebunden, und zwar ungefähr so, wie ein Fluss an sein Flussbett gebunden ist. Das Wasser des Flusses ändert sich ständig, aber es verfolgt den gleichen Lauf, weil vorhergehende Strömungen das Bett geschaffen haben. In gleicher Weise haben frühere Ereignisse eine Spur im Gehirn gegraben, in der unsere Gedanken fließen. Darauf gründen sich Gedächtnis und geistige Gewohnheiten. Aber das Gehirn als Struktur löst sich beim Tod auf, und man kann daher erwarten, dass auch die Erinnerung aufhört. Für eine andere Annahme gibt es nicht mehr Grund als für die Erwartung, ein Fluss würde seinen alten Lauf beibehalten, nachdem ein Erdbeben dort, wo früher ein Tal war, einen Berg aufgeschüttet hat.

Bertrand Russell (1872–1970), britischer Philosoph und Mathematiker.

„Niemand kann zweimal in denselben Fluss steigen."

Einer seiner Schüler ergänzte:
„Das ist – genau genommen – auch nicht einmal möglich."

Heraklit

Die unendliche Persönlichkeit des Menschen

von Immanuel Kant

Zwei Dinge erfüllen das Gemüt mit immer neuer und zunehmender Bewunderung und Ehrfurcht, je öfter und anhaltender sich das Nachdenken damit beschäftigt: der bestirnte Himmel über mir und das moralische Gesetz in mir (…)

Der erstere Anblick einer zahllosen Weitenmenge vernichtet gleichsam meine Wichtigkeit, als eines tierischen Geschöpfs, das die Materie, daraus es ward, dem Planeten (einem bloßen Punkt im Weltall) wieder zurückgeben muß, nachdem es eine kurze Zeit (man weiß nicht wie) mit Lebenskraft versehen gewesen. Der zweite erhebt dagegen meinen Wert, als einer Intelligenz, unendlich durch meine Persönlichkeit, in welcher das moralische Gesetz mir ein von der Tierheit und selbst von der ganzen Sinnenwelt unabhängiges Leben offenbart (…)

T6

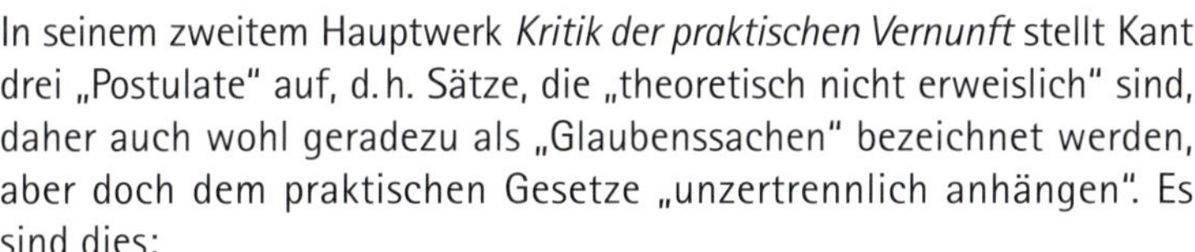
In seinem zweitem Hauptwerk *Kritik der praktischen Vernunft* stellt Kant drei „Postulate" auf, d. h. Sätze, die „theoretisch nicht erweislich" sind, daher auch wohl geradezu als „Glaubenssachen" bezeichnet werden, aber doch dem praktischen Gesetze „unzertrennlich anhängen". Es sind dies:

Die *Freiheit* (unseres Willens) – als die Voraussetzung, dem moralischen Gesetz auch folgen zu können – und weiterhin die Unsterblichkeit der Seele und das Dasein Gottes.

Die erstrebte vollkommene Übereinstimmung der inneren Gesinnung mit dem Sittengesetz kann nicht in diesem Leben erreicht, sondern nur als das Ziel eines unendlichen „Progressus" der „Heiligung" gedacht werden; dazu aber ist eine unendliche Fortdauer der Persönlichkeit, mithin Unsterblichkeit der Seele die notwendige Voraussetzung.

Außerdem muss ein allmächtiges, moralisches Wesen als Weltherrscher (Gott) angenommen werden, der allein garantieren kann, dass das vernunftgemäße, sittliche Handeln – wenn schon nicht in diesem Leben – dann doch in letztem Sinn zur verdienten Glückseligkeit führt und damit die Übereinstimmung „des Reiches der Natur mit dem der Sitten" hergestellt wird.

Immanuel Kant,
siehe auch S. 19, 26, 41f..

Irritierende Erfahrungen eines Kirchgängers

anonym

In der Kirche und im Gottesdienst wird eigentlich wenig von den letzten Dingen gesprochen, und wenn, dann nur andeutungsweise und sehr allgemein gehalten. Ich bedauere dies durchaus, da mich in den letzten Jahren oft Zweifel packten an der Gewissheit, „nach dem Tod kommt die unsterbliche Seele in den Himmel und lebt bei Gott und in seiner Herrlichkeit".

So fand ich es vor Jahren sehr irritierend, als ich in einem Buch las, dass die Vorstellung von der unsterblichen Seele in einem sterblichen Körper eben von Platon stamme und dass es in der hebräischen Denkweise keine Trennung zwischen Körper und Seele gäbe, sodass angeblich mit dem Tod jedes Bewusstsein aufhöre zu existieren. Ich finde, diese Vorstellung ist ziemlich frustrierend, nimmt sie einem doch die Hoffnung auf ein Jenseits, zu dem das irdische Leben gewissermaßen als Vorbereitung dient.

Wozu soll dann das Denken und Streben des Menschen gut sein, außer um die wichtigsten leiblichen Bedürfnisse zu befriedigen? Ich meine, ohne eine Hoffnung über den Tod hinaus fehlt den Menschen etwas Wesentliches. So gesehen ist auch der Reinkarnationsgedanke aus dem Buddhismus eine interessante Vorstellung, weil sich darin u.a. die Weiterentwicklung der Seelen ausdrückt.

Christof Gestrich (geb. 1940), evangelischer, systematischer Theologe. Siehe auch S. 96, 113f..

Psalm 90

Herr, du bist unsre Zuflucht für und für.
Ehe denn die Berge wurden und die Erde
und die Welt geschaffen wurden,
bist du, Gott, von Ewigkeit zu Ewigkeit.
Der du die Menschen lässest sterben und sprichst:
Kommt wieder, Menschenkinder!
Denn tausend Jahre sind vor dir wie der Tag,
der gestern vergangen ist, und wie eine Nachtwache.
Du lässest sie dahinfahren wie einen Strom,
sie sind wie ein Schlaf,
wie ein Gras, das am Morgen noch sprosst,
das am Morgen blüht und sprosst
und des Abends welkt und verdorrt.

T8

Das macht dein Zorn, dass wir so vergehen,
und dein Grimm, dass wir so plötzlich dahin müssen.
Denn unsre Missetaten stellst du vor dich,
unsre unerkannte Sünde ins Licht vor deinem Angesicht.
Darum fahren alle unsre Tage dahin durch deinen Zorn,
wir bringen unsre Jahre zu wie ein Geschwätz.
Unser Leben währet siebzig Jahre,
und wenn's hoch kommt, so sind's achtzig Jahre,
und was daran köstlich scheint, ist doch nur vergebliche Mühe;
denn es fähret schnell dahin, als flögen wir davon.

Wer glaubt's aber, dass du so sehr zürnest,
und wer fürchtet sich vor dir in deinem Grimm?
Lehre uns bedenken, dass wir sterben müssen, auf dass wir klug werden.
HERR, kehre dich doch endlich wieder zu uns und sei deinen Knechten gnädig!
Fülle uns frühe mit deiner Gnade, so wollen wir rühmen und
fröhlich sein unser Leben lang.
Erfreue uns nun wieder, nachdem du uns so lange plagest,
nachdem wir so lange Unglück leiden.
Zeige deinen Knechten deine Werke
und deine Herrlichkeit ihren Kindern.
Und der Herr, unser Gott, sei uns freundlich
und fördere das Werk unsrer Hände bei uns.
Ja, das Werk unsrer Hände wollest du fördern!

Zuversicht

Nur das Leben zählt

Denn wer noch bei den Lebenden weilt, der hat Hoffnung; denn ein lebender Hund ist besser als ein toter Löwe. Denn die Lebenden wissen, dass sie sterben werden, die Toten aber wissen nichts; sie haben auch keinen Lohn mehr, denn ihr Andenken ist vergessen. Ihr Lieben und ihr Hassen und ihr Eifern ist längst dahin; sie haben kein Teil mehr auf der Welt an allem, was unter der Sonne geschieht. So geh hin und iss dein Brot mit Freuden, trink deinen Wein mit gutem Mut; denn dies dein Tun hat Gott schon längst gefallen. Lass deine Kleider immer weiß sein und lass deinem Haupte Salbe nicht mangeln. Genieße das Leben mit deiner Frau, die du lieb hast, solange du das eitle Leben hast, das dir Gott unter der Sonne gegeben hat; denn das ist dein Teil am Leben und bei deiner Mühe, mit der du dich mühst unter der Sonne. Alles, was dir vor die Hände kommt, es zu tun mit deiner Kraft, das tu; denn bei den Toten, zu denen du fährst, gibt es weder Tun noch Denken, weder Erkenntnis noch Weisheit.

Prediger 9,4–10

Das höchste Ziel

von Friedrich Schleiermacher

Nach dem unerwarteten, frühen Tod ihres Mannes Ehrenfried fragte die mit Schleiermacher befreundete und bei ihm Trost suchende junge Witwe Henriette von Willich den Theologen, ob sie wenigstens gewiss sein dürfe, dass ihr Mann es nun im Himmel gut habe und dort der Freude des Wiedersehens mit ihr entgegenwarte. Schleiermacher antwortete ihr, eines seien die Bilder, die wir uns vom Jenseits machen, ein anderes sei aber die Gewissheit unserer Unsterblichkeit.

„Du bittest mich“, schrieb er ihr, „ ich solle Dir als Pfarrer und Seelsorger Deine Zweifel in dieser Sache nehmen.“

Schleiermacher war bereit, dafür einzustehen, dass der Tod uns geistig nicht vernichten kann. Aber er übernahm keine Verantwortung für die Substanz und Einklagbarkeit der vielen im Umlauf befindlichen phantasievollen Bilder vom jenseitigen Leben:

Es sind (…) die Bilder der schmerzlich gebärenden Phantasie, welche Du befestigt wünschest. Liebe Jette, was kann ich Dir sagen? Gewissheit ist uns über dieses Leben hinaus nicht gegeben, verstehe mich recht, ich meine keine Gewissheit für die Phantasie, die alles in bestimmten Bildern vor sich sehen will, aber sonst ist es die größte Gewissheit, und es wäre nichts gewiss, wenn es nicht das wäre, dass es keinen Tod gibt, keinen Untergang für den Geist. Das persönliche Leben ist ja aber nicht das Wesen des Geistes, es ist nur eine Erscheinung. Wie sich die wiederholt, das wissen wir nicht, wir können nichts darüber erkennen, sondern nur dichten.

Aber lass in Deinem heiligen Schmerz Deine liebende Phantasie dichten nach allen Seiten hin und wehre ihr nicht. Sie ist ja fromm, sie kann ja nichts wünschen, was gegen die ewige Ordnung Gottes wäre, und so wird ja alles wahr sein, was sie dichtet (…) Und so kann ich Dich versichern, dass Deine Liebe ewig immer alles haben wird, was sie wünscht. Du kannst doch jetzt nicht wünschen, dass Ehrenfried – o Gott der teure Name (…); dass er wiederkehrte in dieses Leben zurück, weil es der ewigen Ordnung zuwider wäre, die jeder mehr liebt, als irgendeinen einzelnen Wunsch. Sondern für dieses Leben begehrt Deine Liebe nur, ihn im Herzen zu tragen, unauslöschlich sein Andenken (…), und in Dir ihn wieder zu erwecken und neu zu beleben in Euren süßen Kindern, das genügt Dir.

Für die Zukunft weißt Du nun nicht, womit Dir genügen kann …, weil du die dortige Ordnung nicht kennst. Wenn Du aber darin sein wirst, wirst Du sie kennen und (…) [dann das] volle Genüge haben. – Möge Dir vorderhand Deine Phantasie ein Verschmolzensein in das größte All ermöglichen! Denke Dir das Universum nur nicht tot, sondern (…) als das höchste Leben. Es ist ja das, wonach wir in diesem Leben alle trachten und es nur nie erreichen, allein in dem Ganzen zu leben und den Schein, als ob wir etwas Besonderes wären (…), von uns zu tun. Wenn er nur in Gott lebt, und Du ihn ewig in Gott liebst, wie Du Gott in ihm erkanntest und liebtest, kannst Du Dir denn etwas Herrlicheres und Schöneres denken? Ist es nicht das höchste Ziel der Liebe, wogegen alles, was nur an dem persönlichen Leben hängt, und nur aus ihm hervorgeht, nichts ist?

Friedrich Schleiermacher (1768–1834), evangelischer Theologe, Philosoph und Staatstheoretiker.

Fenster der Herz-Jesu-Kirche in München

Bilder vom Himmel

von Eugen Drewermann

Auch wir müssen zugeben, dass es nicht möglich ist, zu wissen, was wir hoffen, wenn wir vom „Himmel" reden; es bleibt dabei: Alle Symbole sind nichts als Bilder zur Beschreibung menschlicher Sehnsüchte und Hoffnungen, sie sind eben keine Begriffe zum Erfassen einer objektiven Wirklichkeit, sie sind keine Kategorien objektiven Erkennens. Umso wichtiger aber wird uns jetzt der subjektive Faktor religiöser Rede, ihr Wahrheitsgehalt, mit dem sie menschlich Gültiges zur Sprache bringt.

Wenn es zur Identität eines Menschen gehört, den individuellen Tod als „Aufbruch" und als „Wanderung" zu deuten, so stellt sich eine ebenso merkwürdige wie existentiell entscheidende Frage: All die Bilder, ob genetisch fixiert oder erlernt, die bereits den Tieren bei ihren Wanderungen über die Welt zur Verfügung stehen, haben sich vielfältig als Informationen über die räumliche Realität bewährt; in Symbole des Jenseits verwandelt aber „informieren" sie über gar nichts mehr; sie sind vielmehr nichts weiter als der Ausdruck einer menschlichen Sehnsucht ins Unendliche.

Doch gerade in dieser Form leisten sie etwas, das keine reale „Information" zu leisten imstande ist: Sie schaffen eine innere Evidenz der Berechtigung eben dieser unendlichen Sehnsucht. Sie wirken wie die Glasmalereien in den Wänden einer gotischen Kathedrale: Alles, was sie uns zu sehen geben, sind Bilder einer ganz und gar eigenen, geschichtlich einzig uns Menschen zugehörigen Welt (...) Genauer gesagt: Diese Bilder schenken uns nicht die Sonne; jeder, der ihre Darstellungen für Mitteilungen über eine Gegebenheit „draußen" erachten würde, irrte groß; und doch zeigt der Anblick dieser Bilder durch sich selbst, dass es eine Welt voller Licht, eine sonnendurchflutete Wirklichkeit „draußen" tatsächlich geben muss. Soviel ist „objektiv" wahr an den Bildern. Niemand vermöchte eines der Glasbilder wahrzunehmen, schiene nicht wirklich „draußen" die Sonne. Die Sichtbarkeit der Bilder selbst ist ein Beweis für eine unermessliche Lichtquelle außerhalb des Innenraumes.

Eugen Drewermann (geb. 1940), katholischer Theologe.

Vorstellungen vom Weiterleben nach dem Tod

Das Raum-Modell

Die Toten befinden sich in einem besonderen Bezirk (Scheol, Hades, Unterwelt), der von der Welt der Lebenden abgetrennt ist. Sie verschwinden also nicht einfach, aber sie haben auch keinen Einfluss auf das Leben. Ihr Dasein wird als Schattenwelt vorgestellt, in der es keine Farben und Gefühle gibt und zu der man auch nur in Ausnahmefällen Verbindung aufnehmen kann (Orpheus, Odysseus etc.).

Das Bilanzmodell

Am Ende des individuellen Lebens wird Bilanz über die Taten des Verstorbenen gezogen. Ist die Summe positiv, erwirbt der Tote das Recht zum Leben im Jenseits. Im alten Ägypten erscheint dieses Jenseits sogar als die eigentliche Welt und das irdische Dasein nur als Vorbereitung.

In fernöstlichen Religionen ist es die Vorstellung vom angesammelten Karma, das als Summe eines Lebens im Tode übrig bleibt. Allerdings ist das Karma eine negative Größe, die zu einer erneuten erlösungsbedürftigen Verkörperung in dieser Welt führt.

Das Seelen-Modell

Im Tode geschieht eine Trennung des materiellen, biologischen, historischen Menschen von seiner immateriellen, ewigen Seele. In dieser Vorstellung ist der Mensch von vorneherein nicht nur Naturwesen, sondern lebt auch noch in einer anderen Sphäre, die vom Tod und dem Zerfall des Körpers nicht betroffen ist. Diese besondere Beschaffenheit des Menschen ist (zunächst) unabhängig von seinen Taten.

Das Auferweckungs-Modell

In der Spätzeit des AT entsteht die Vorstellung, dass Gott besondere Menschen ins Leben zurückrufen kann. Diese Idee einer Auferweckung von den Toten durch Gott steht auch im Zusammenhang mit dem erwarteten Gericht Gottes, das die verletzte Gerechtigkeit in einem neuen Reich Gottes wieder herstellt.

Diese Vorstellungen treten fast immer in Kombinationen auf. So dient z. B. die eigentlich außermoralische Idee der unsterblichen Seele oft als Voraussetzung für das Bilanzmodell, zu dem auch das Auferweckungsmotiv in enger Beziehung stehen kann. Andererseits ist aber die Auferweckungsvorstellung mit einer unsterblichen Seele nicht gut verträglich.

Hölle und Himmel

Auferweckung zum Gericht?

T13

In der Auferweckung Jesu aus dem Tode sehen die ersten Christen das Gericht Gottes. Gott gibt Jesus recht und verurteilt die, die ihn verurteilt haben. Der Glaube an die Auferweckung ist von Anfang an eng mit dem Glauben an die Himmelfahrt Jesu Christi verbunden, die den Menschen Jesus in die Sphäre Gottes hebt.

Die Hoffnung der Christen für sich selbst richtet sich auf die baldige Wiederkehr des Gottessohnes, die zur endgültigen Aufrichtung des Gottesreiches führen soll. So noch die Naherwartung des Paulus. Die Hoffnung auf das ewige Leben mit Christus in seinem Reich ist die Kraftquelle der Christen in Verfolgung und Ausgrenzung durch die antike Gesellschaft.

Im Mittelalter rückt die Vorstellung vom „Jüngsten Gericht" in den Mittelpunkt und bestimmt die Hoffnung auf ein Leben nach dem Tod. Einerseits wird damit das Jenseits als das eigentliche Leben aufgewertet, andererseits erscheint die Auferweckung der Toten durch Gott eher als Vorbereitung für den eigentlich wichtigen Gerichtsakt. Auch die Idee einer unsterblichen Seele spielt nun eine wichtige Rolle, weil nur mit ihrer Hilfe verständlich gemacht werden kann, welcher Zusammenhang zwischen dem individuellen Gericht nach den Werken und dem allgemeinen Gerichtshandeln Gottes an der Welt in Form der „neuen Schöpfung" bestehen kann. Insgesamt wird die Erwartung eines Lebens nach dem Tod sehr stark als moralisches Motiv ins Spiel gebracht.

In der modernen Theologie tritt der Gesichtspunkt der Gnade Gottes wieder mehr in den Vordergrund und verdrängt die zentrale Bedeutung des Gerichts. Die Seele als menschliches Spezifikum verliert an Plausibilität, weil die Wissenschaften den Menschen nicht mehr aus dem Naturzusammenhang heraustreten lassen. Auch menschliches Leben wird als biologische Funktion verstanden und endet daher mit dem Tod.

In der Theologie wird der Gedanke diskutiert, dass der Tod das definitive und endgültige Ende der menschlichen Person darstellt (**Ganztod-Theologie**). Die christliche Auferstehungshoffnung und damit das Heilsziel des christlichen Glaubens wird auf diese Weise verdiesseitigt. Erst in jüngster Zeit regt sich Widerstand dagegen und es werden neue Versuche unternommen, die Rede von der menschlichen Seele als Sitz oder Zielpunkt menschlicher Identität wiederzugewinnen.

Die Zukunft der Seele

von Christof Gestrich

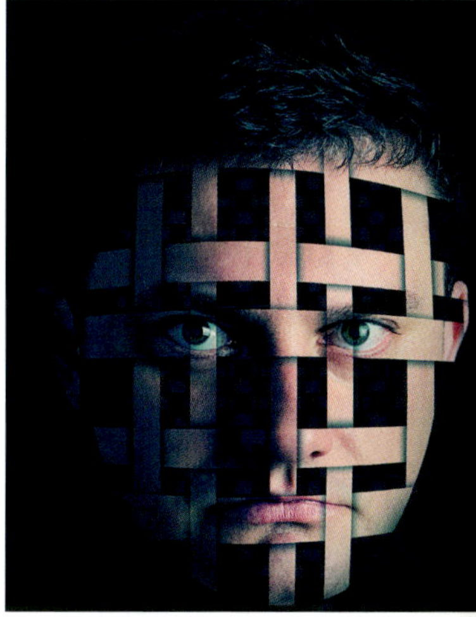

Wir gehen *nicht* davon aus, dass der Bezirk der Seele bei einem neugeborenen Menschen noch leer wäre bzw. dass er erst vom „späteren Leben" gefüllt würde. Er birgt von Anfang an in sich das prägende einmalige Muster: die Signatur des individuellen Wesens. Diese Signatur wird sich *durchhalten.* Sie kann beeinflusst werden, aber sie kann doch nicht wirklich verändert werden. Dies ist das in der Seele liegende Paradox. Die menschliche Seele hat bereits individuelle Prägung, bevor überhaupt eine Biographie entwickelt wird. Sie wird auch im tiefsten Grund geblieben sein, was sie war, wenn ein Mensch mit vielen sein Inneres geprägt habenden Erlebnissen stirbt. (...)

Die menschliche Seele ist vom biologischen Tod nicht so betroffen, wie man es meistens meint. Die Seele *überragt* diesen Tod. Sie hat ihr Ziel im Reich Gottes. Sie ist zwar noch nicht im Ziel. Was sie sucht, die Identität, steht auch beim irdischen Ableben noch aus. *Aber sie hat allen Grund zu hoffen, dass das Gesuchte noch erreicht werden wird.* Entlastet von der ewigen Sorge in dieser Frage, kann sie furchtlos auf die Ewigkeit zugehen. Karl Barth hat dies auf seine Weise zum Ausdruck gebracht: Ein Christentum, das nicht „diesen Sinn des Reiches Gottes, d. h. der *Aufhebung des Todes* hat, ein solches Christentum ist Unsinn".

Die „Zielgerade" ist der weitere Weg des Menschen nach seinem Tod. Schon im Himmel angelegt, ist die „Zielgerade" der „schöne Weg" der Seele hinein in die eigene Vollendung und in die Vollendung der gesamten Schöpfung im Reich Gottes. Wie ein Gott ‚dienstbarer' Engel kann die Seele, die das Gericht hinter sich hat, tun, was Gott und was ihr selbst gefällt, und was zum Besten dient. (...)

Da „Auferstehung" die göttliche Verleihung der neuen Vollkommenheitsgestalt meint, beginnt sie möglicherweise schon irgendwann im biographischen Leben, wenn ein Mensch Gottes Ruf hört. Sie vollendet sich erst, wenn die volle individuelle Identität erreicht und die endgültige Gestalt für dieses bestimmte Individuum gefunden ist. Dann ist auch das Reich Gottes die alles bestimmende Wirklichkeit geworden.

In der neuen Gestalt werde ich Gott so lieben, wie er mich liebt. Zugleich werde ich viel intensiver und besser *zusammensein* mit den Mitgeschöpfen und Mitmenschen. Ich werde kein in sich vollendeter Solitär werden.

Christof Gestrich,
siehe auch S. 96, 113f..

Lebende und Tote gehören in Christus zusammen

In der Antike galt der Tod als Trennlinie. Dem Toten wurde eine Münze unter die Zunge gelegt, damit der Fährmann ihn sicher über den Fluss ins Totenreich geleiten würde. Tod und Leben waren streng voneinander getrennt und wer einmal den Fluss überquert hatte, für den gab es keine Wiederkehr.

Das alles gilt für Christen nicht mehr. Der Tod trennt weder von Gott als der Quelle des Lebens noch von den anderen geliebten Menschen. Tote und Lebende bilden eine Gemeinschaft der Glaubenden vor Gott. Sie sind voneinander geschieden, aber sie sind einander nicht fern. Sie treten füreinander ein und beten füreinander. Die Toten sind den Lebenden nur vorausgegangen.

Kein Christ steht allein vor Gott, denn keine Person ist vollständig ohne die anderen, die ihren Lebensweg begleitet haben. Zu seiner Identität kommt der Mensch nur mit den anderen zusammen. Wir wissen nicht, was uns nach dem Tode erwartet. Wir haben nur Bilder. Aber wir sind gewiss, dass Gott uns zu unserer Bestimmung führen wird. Auf dem Weg dorthin sind Lebende und Tote Passagiere in einem Boot und näher beisammen, als sie vielleicht ahnen.

Aufgaben

Abbildungen haben keine eigene Nummerierung; sie werden in die Zusammenhänge der Aufgaben zum Text (T1 ...) eingebettet.

T1 T2 T3
- Lassen Sie sich von den Texten zur Meditation von Erfahrungen mit Grenzen anregen. Führen Sie ein stummes Schreibgespräch in Kleingruppen: Welche Grenzen machen Ihnen zu schaffen?

T4 T5
- Setzen Sie die beiden aus naturwissenschaftlicher Perspektive geschriebenen Texte zueinander in Beziehung.

T5
- Entfalten und bewerten Sie die beiden Argumente Bertrand Russells.
- **„Die Lehre von der Wiederkehr**
  ist zweifelhaften Sinns,
  es fragt sich sehr,
  ob man nachher
  noch sagen kann:
  ich bin's." *Wilhelm Busch*

  Erläutern Sie diese Skepsis und nehmen Sie Stellung.

T6
- Setzen Sie Kants Postulate von der unsterblichen Seele und der Existenz eines Richter-Gottes in Bezug zur Rechtfertigungslehre und zu den religionsgeschichtlichen Modellvorstellungen in T13.

T7
- Vergleichen Sie die „Irritationen" mit eigenen Erfahrungen und analysieren Sie (mit dem Schema in T13) ihren philosophisch-religiösen Hintergrund.
- Dokumentieren und analysieren Sie die Unsicherheit des „Kirchgängers" mit Hilfe verschiedener (selbst gefundener oder in diesem Kapitel verwendeter) Grabmotive.

T8
- Interpretieren Sie den Psalm. Konzentrieren Sie sich auf die Schwerpunkte „Menschenbild" und „Hoffnung".
- Verfechter der Lehre von der Wiedergeburt wollen in Vers 3 einen Hinweis darauf erkennen, dass sich auch in der Bibel solche Lehren finden. Nehmen Sie Stellung.

T8 T9
- Charakterisieren Sie die Lebenseinstellung und Jenseitserwartung in diesen alttestamentlichen Texten.
- Erweitern Sie anschließend das Blickfeld mit weiteren Texten Hi 10,21f.; 14,21f.; Ps 6,5f.; 30,10; 88,6.12; 115,17; Spr 1,12; 27,20; Jes 5,14; Hes 18,4. Geben Sie einen Überblick, wie sich der Jahweglaube zur Hoffnung auf ein Leben nach dem Tode verhält.

- Referieren Sie über die Unterwelt im antiken Griechenland und stellen Sie Vergleiche zum Alten Testament an.

T10
- Informieren Sie sich über Friedrich Schleiermacher und seine Bedeutung für die deutsche Literatur- und Geistesgeschichte.
- Übersetzen Sie Schleiermachers Brief in die Sprache und Vorstellungswelt von heute.
- Verfassen Sie eine Antwort auf den Brief in der Rolle Henriette von Willichs.

T11
- Eines der Grundanliegen Drewermanns ist es, die Bilder der Bibel und des Glaubens als seelische Bilder zu begreifen, anstatt sie zu historisieren. Legen Sie in diesem Sinn dar: Welche seelische Bedeutung könnten die Geschichten vom Hinabsteigen in das Reich des Todes, von der Auferstehung Christi und von seiner Himmelfahrt haben?

T12
- Untersuchen Sie z. B. an Todesanzeigen oder Grabmotiven, welche dieser Modelle verwendet und wie sie kombiniert werden. Prüfen Sie, wie sich T8 und T9 sowie 1 Kor 15,19f. und 1 Kor 15,42–44 dazu verhalten.

T13
- Entwickeln Sie ein Modell für das mittelalterliche Denken (in Form einer Graphik), wie es hier geschildert wird.
- Nennen Sie biblische Motive, die eine Ganztod-Theologie rechtfertigen könnten; formulieren Sie seelsorgerische Bedenken gegen eine solche Form der christlichen Verkündigung.

T14
- Analysieren Sie den Text darauf hin, wie hier von „Seele“ gesprochen wird und prüfen Sie in den verschiedenen Abschnitten jeweils die Möglichkeit dieses Wort durch andere, benachbarte Begriffe zu ersetzen.
- Versuchen Sie eine eigenständige Deutung der Fotocollage (S. 103) im Zusammenhang mit T14.

T15
- Formulieren Sie Ihre eigene Position zur Frage eines Lebens nach dem Tod.
- Bewerten Sie den Einfluss verschiedener Jenseitsvorstellung auf die jeweilige Lebenspraxis im Hier und Jetzt.

Kompetenzen

Ich kann

- erklären, mit welchen Argumenten agnostische oder naturwissenschaftliche Positionen die Diskussion um ein Leben nach dem Tod ablehnen
- anhand biblischer Texte unterschiedliche Deutungen und Vorstellungen von einem Jenseits erläutern und die jeweils aufgeworfenen Probleme deutlich machen
- Jenseitsvorstellungen, die in verschiedenen religiösen und gesellschaftlichen Traditionen Bedeutung haben, miteinander vergleichen
- die christliche Vorstellung von Auferstehung der Toten anhand neutestamentlicher Texte erklären und einen Überblick geben, wie sich diese Vorstellung verändert hat
- erläutern, welche Rolle der Begriff „Seele“ in diesem Zusammenhang spielt und welche Bedeutung man ihm heute zumessen könnte
- die christliche Hoffnung auf eine mir angemessene Weise formulieren und darlegen, welche Bedeutung diese Hoffnung für die Lebenspraxis hat

7 Unterwegs in die Zukunft

Und siehe, der Stern,
den sie im Morgenland gesehen hatten,
ging vor ihnen her ...

Mt 2,9

Visionen im Alten Testament

Edward Hicks,
Das Reich des Friedens, ca. 1834

Und es wird ein Reis hervorgehen aus dem Stamme Isais ...

Da werden die Wölfe bei den Lämmern wohnen
und die Panther bei den Böcken lagern.
Ein kleiner Knabe wird Kälber und junge Löwen
und Mastvieh miteinander treiben.

Kühe und Bären werden zusammen weiden,
dass ihre Jungen beieinander liegen,
und Löwen werden Stroh fressen wie die Rinder.

Und ein Säugling wird spielen am Loch der Otter,
und ein entwöhntes Kind wird seine Hand stecken
in die Höhle der Natter.

Man wird nirgends Sünde tun noch freveln
auf meinem ganzen heiligen Berge;
denn das Land wird voll Erkenntnis des HERRN sein,
wie Wasser das Meer bedeckt.

Jes 11,6–9

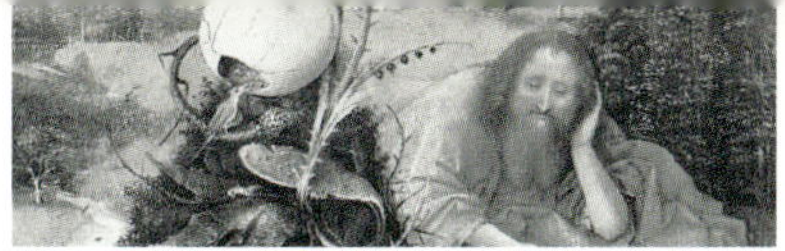

Visionen im Neuen Testament

Das himmlische Jerusalem

1 Und ich sah einen neuen Himmel und eine neue Erde;
denn der erste Himmel und die erste Erde sind vergangen,
und das Meer ist nicht mehr.

2 Und ich sah die heilige Stadt, das neue Jerusalem,
von Gott aus dem Himmel herabkommen, bereitet
wie eine geschmückte Braut für ihren Mann.

3 Und ich hörte eine große Stimme von dem Thron her, die sprach:
Siehe da, die Hütte Gottes bei den Menschen!
Und er wird bei ihnen wohnen, und sie werden sein Volk
sein und er selbst, Gott mit ihnen, wird ihr Gott sein;

4 und Gott wird abwischen alle Tränen von ihren Augen,
und der Tod wird nicht mehr sein, noch Leid noch Geschrei
noch Schmerz wird mehr sein; denn das Erste ist vergangen.

Offb 21,1–4

Der Heziloleuchter, eine romanische Leuchterkrone aus dem 11. Jahrhundert, steht mit seinen zwölf Türmen und Toren als schwebende Stadt für das himmlische Jerusalem.

Das Reich Gottes als Gegenwart und Zukunft

von Gerhard Marcel Martin

Hieronymus Bosch, Meditierender Heiliger Johannes der Täufer (1504/5)

T3

Jesus steht mit seiner Botschaft in seiner Zeit. Er selbst ist von Johannes getauft worden. Jesus und Johannes haben Gericht und Buße gepredigt angesichts der unmittelbaren Nähe des Weltendes. In diesem Sinne waren beide **Apokalyptiker**. Beide sind von den politischen und religiösen Instanzen ihrer Zeit verfolgt und umgebracht worden. Aber gerade wenn man sich auf diese historischen Parallelen einlässt, wird man auch auf historische Unterschiede stoßen.

Jesus selbst hat nicht getauft, er hat sich von der Johannes-Gruppe getrennt. Bei ihm ist der Bußruf keine Drohung, sondern eine Einladung zur Umkehr, zur Sinnesänderung, zur Neueinstellung. Jesus ist von der „apokalyptisch bestimmten Täuferbotschaft" ausgegangen, aber er hat sie korrigiert, indem er die Unmittelbarkeit des nahen und gnädigen Gottes verkündet und gelebt hat.

Entsprechend redet Jesus von Gott im wesentlichen nicht als von dem endzeitlichen Richter, sondern von dem liebenden Vater und dessen Güte, die übliche Unterscheidungen von Gut und Böse übertrifft und überschreitet und so auch menschliche Ängste und Hoffnungen in Beziehung setzt zu dieser weitesten Perspektive. (...)

Jesu Wirklichkeitsansage ist: Der Augenblick ist gekommen, die Zeit ist da: Gegenwart und Güte Gottes werden sichtbar, plausibel, verstehbar werden, weil sich seine Schöpferkraft durchsetzt, Licht ins Dunkel bringt und weltweit – persönlich und politisch – Friede, Liebe und Gerechtigkeit verwirklicht. Reich Gottes – das ist Wachheit und Weite, der Einbruch einer Welt, in der es leichter sein wird, zu leben, zu lieben und zu lachen. (...) Reich Gottes – das ist das Fest des Vaters mit dem Sohn, der zurückgekehrt ist, und dem, der zu Hause geblieben ist (Lukas 15). Reich Gottes – da ist der barmherzige Samariter der Normalfall, nicht mehr nur Beispiel-Geschichte (Lukas 10). (...)

„eschatologische Ethik", S. 59

Die alte, dem Elend und der Gottesferne preisgegebene Welt muss nicht erst vollends zu ihrem Ende kommen, bevor die neue Welt einbricht. Gerechtigkeit und Herrlichkeit werden hier und heute erfahrbar. Das schließt ein, dass sich auch das Gericht in der Gegenwart und nicht erst in einer zukünftigen apokalyptischen Kalenderzeit ereignet. Prägnant und missverständlich, aber der paradoxen Erfahrung entsprechend, die solcher Dramaturgie zugrunde liegt: Auferstehung findet vor dem Tode statt. (...)

Diese doppelte Erfahrung lässt sich zusammenfassen in dem Satz aus dem Prolog des Johannes-Evangeliums: „Und das Licht scheint in der Finsternis und die Finsternis hat es nicht begriffen" (Joh 1,5). Der Grundwahrnehmung nach dasselbe, weniger bibeltheologisch formuliert, in profaner Sprache (...): „Die Welt ist herrlich – die Welt ist schrecklich. Es kann mir nichts geschehen – Ich bin in größter Gefahr." *(Helmut Gollwitzer)*

Gerhard Marcel Martin
(geb. 1942),
evangelischer Theologe und Hochschullehrer.

Mitten in der Apokalypse: Gelassenheit …

Die Zeit ist kurz. Fortan sollen auch die,
die Frauen haben, sein, als hätten sie keine;
und die weinen, als weinten sie nicht;
und die sich freuen, als freuten sie sich nicht;
und die kaufen, als behielten sie es nicht;
und die diese Welt gebrauchen,
als brauchten sie sie nicht. Denn das Wesen
dieser Welt vergeht.
Ich möchte aber, dass ihr ohne Sorge seid.

1 Kor 7, 29-32

Die endzeitliche Existenz

von Gerhard Marcel Martin

Paulus findet plakative, fundamentale Formeln für das Weltverhältnis von Menschen, die mitten in der Apokalypse stehen. Viele hören in diesen Sätzen ein Plädoyer für Aufbruch und Abbruch aller Gestalten, für Distanz und Freiheit, für Leichtigkeit und Leichtfertigkeit. Im weltgeschichtlichen, kosmischen und persönlichen Durchzug lässt sich keine Tür schließen. „Wir haben hier keine bleibende Stadt" (Hebr 13,14). Bitte weitergehen …

Paulus rät zu keiner Enthaltung von weltlichem Handeln und zu keiner Rollendistanz, die erlaubt, so zu tun als ob. Paulus empfiehlt, wirklich zu haben, aber „als ob nicht". Was dann aber doch heißt: wirklich lachen und wirklich weinen, in leibhaftiger Gemeinschaft leben, wirklich kaufen und in Gebrauch nehmen. Wenn dies nicht die Grundeinstellung wäre, wie könnte sonst Kol 3,19 die Männer ermahnen, ihre Frauen zu lieben; und wie könnte Paulus sonst in Röm 12,15 dazu ermuntern, sich mit den Fröhlichen zu freuen und mit den Weinenden zu weinen! Hier wird keinem wirkliche Freude oder tiefe Trauer ausgetrieben und keiner in seiner Fähigkeit bestärkt, Liebe oder Sympathie nur vorzugeben, so zu tun, als ob.

(…) Paulus appelliert daran, nicht festhalten zu wollen, was man nicht festhalten kann, keinen Halt zu suchen, der nicht hält.

Mosaik Paulus, Ravenna, 5. Jahrhundert

Unser tägliches Brot gib uns heute

von Christof Gestrich

T5

Der hohe eigene Rang des Hoffens erweist sich daran, dass es uns hilft, die Wirklichkeit zu erkennen, wie sie ist. Mehr noch: Wer hofft, schätzt das Potenzial der Wirklichkeit angemessener ein, als ein hoffnungsloser Mensch es täte. Hoffnung beleuchtet die Wirklichkeit in einer Weise, durch die man ihre Facetten und Bewegungen zutreffender erfasst und sinnvoller auf sie reagiert.

Gerade der Umstand, dass menschliches Hoffen weit hinausgreift über alles, was Menschen sicherstellen können, hat keine vagen, vernebelnden Rückwirkungen auf die gegebenen Verhältnisse, sondern klärt diese und beeinflusst sie positiv. Das ist die denkerische Grundlage dafür, dass die christliche Hoffnung über den Tod hinausgreift und gerade so hilft, das diesseitige Leben gut wahrzunehmen und zu gestalten. (...)

Selbstverständlich soll an die christliche Hoffnung jederzeit der Maßstab angelegt werden, ob sie tatsächlich zu einer besseren Wirklichkeitsgerechtigkeit anleitet.

Was im christlichen Bereich „hoffen“ bedeutet, lässt sich besonders gut durch eine Analyse des Vaterunser-Gebets erschließen. Dort wird nicht etwa gebetet, „lieber Vater, hol mich aus dem Grab wieder heraus und lass mich in den Himmel kommen und dort unaufhörlich weiterleben“. Keineswegs wird die christliche Hoffnung so artikuliert. Es wird ums tägliche Brot gebetet – um das, was hier und jetzt materiell nötig ist. Und es wird um die Erlösung vom Bösen gebetet.

Christof Gestrich,
siehe auch S. 96, 103.

Vor allem diese letztere Bitte zeigt die innere Ausrichtung der christlichen Hoffnung an. Das Böse, von dem wir erlöst zu werden hoffen, umfasst die persönliche Schuld ebenso wie die strukturelle Ungerechtigkeit in den Gesellschaften, es umfasst die Krankheitsleiden ebenso wie die Todesängste und -nöte. Das Böse ist hier, kurz gesagt, identisch mit dem, was des Menschen Antlitz schändet. Die christliche Hoffnung richtet sich somit auf die Beseitigung des uns Schändenden, des uns in Not, Tod und Schande Bringenden. In dieser Weise fundiert und verteidigt die christliche Hoffnung sozusagen auf ihrer Rückseite die Menschenwürde.

Wer glaubt, hat weit draußen einen Pflock, an dem das eigene Leben angebunden ist.

Charakteristisch ist für das biblische Reden von der Hoffnung, dass es sich einerseits auf die Behebung innerweltlicher Nöte bezieht (und durchaus innerweltliche Möglichkeiten im Blick hat, wie sie geschehen könnten), dass es sich andererseits dennoch immer auch als ein menschlicher Notschrei nach Gott artikuliert. Sie sagt dann: Einzig und allein Gott lässt nicht „zuschanden werden", Gott ist die einzige Hoffnung.

Denn schon die Tatsache, dass wir in Not geraten, verstört uns. Diese Tatsache zeigt des Menschen erschreckende Gebrechlichkeit und Einsamkeit im Kosmos an. Wie Gott uns aus unseren Nöten herausführt, soll der Mensch allerdings ihm überlassen und dabei voraussetzen, dass Gott die Menschen über ihr Bitten und Verstehen hinaus erhört und zu ihrem Ziel bringt. (…)

Jede Hoffnung ist die Tochter eines vorhandenen Glaubens. Glaubende werden umgekehrt auch immer hoffen. Der neutestamentliche Hebräerbrief sagt es so: „Der Glaube ist eine feste Zuversicht auf das, was man hofft" – und eben nicht direkt fassen und sehen kann (Hebräerbrief 11,1). Wer glaubt, hat weit draußen einen Pflock, an dem das eigene Leben angebunden ist. Dass in der Not die Ankerkette des Glaubens halten werde, das hoffen wir – während wir zugleich auch ganz konkret auf die Überwindung einer Krankheit, auf die Beendigung einer derzeitigen Arbeitslosigkeit oder Einsamkeit hoffen.

In der Bibel macht es oft keinen Unterschied, wenn bald der Rat erteilt wird, man solle auf Gott seine Hoffnung setzen, und bald, man solle an Gott glauben. Denn immer geht es bei unseren einzelnen, auf Konkretes gerichteten Hoffnungsakten auch darum, dass unser Fundament nicht zerbricht, wodurch uns die Zukunft verschlossen würde. Die bloße Hoffnung auf Veränderung ohne Fundierung in einer Grundvertrauens-Basis genügt nicht. Denn bei der bloßen Veränderung kann man vom Regen in die Traufe kommen. Es muss sich eben auch die Frühlingshoffnung zugleich an das binden, worauf überhaupt Verlass ist, und woraufhin in der Folge mutig weiter ausgeschritten werden kann.

Hoffen – worauf?

Frühlingshoffnung

Die Welt wird schöner
mit jedem Tag,

man weiß nicht,
was noch werden mag,

das Blühen will nicht enden.
Es blüht das fernste, tiefste Tal –

Nun, armes Herz,
vergiss der Qual!

Nun muss sich alles,
alles wenden.

Ludwig Uhland (1787–1862), deutscher Dichter.

Keine Hoffnung

Ich gestehe es:
Ich habe keine Hoffnung.

Die Blinden reden von einem Ausweg.
Ich sehe.

Wenn die Irrtümer verbraucht sind,
sitzt als letzter Gesellschafter uns
das Nichts gegenüber.

Bertolt Brecht (1898–1956), deutscher Dramatiker und Lyriker.

Hoffnung auf Gott

Hoff, o du arme Seele,
hoff und sei unverzagt!

Gott wird dich aus der Höhle,
da dich der Kummer plagt,

mit großen Gnaden rücken;
erwarte nur die Zeit,

so wirst du schon erblicken
die Sonn' der schönsten Freud.

Paul Gerhardt (1607–1676), evangelischer Pfarrer und Dichter vieler Kirchenlieder.

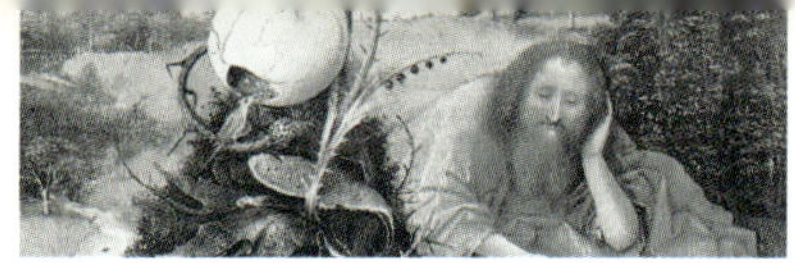

Utopie und Reich Gottes

von Paul Tillich

T9

Gegenüber den großen Zukunftsentwürfen des 19. Jahrhunderts, wie sie aus der Demokratisierungsbewegung, dem Fortschrittsglauben und Wissenschaftsorientierung hervorgegangen sind, erschien der christliche Bezug auf das Reich Gottes als blasse Wunschvorstellung und Jenseitsvertröstung. Namentlich der Marxismus bezog seine Überzeugungskraft aus seiner **Utopie** einer klassenlosen, gerechten und lebenswerten Gesellschaft, in der die Menschen ein nicht-entfremdetes Leben in einer intakten Gemeinschaft ohne Machtstrukturen und Unterdrückung führen.

Die Positivität der Utopie

Bildausschnitt aus Edward Hicks, Das Reich des Friedens, ca. 1834

Beginnen wir mit der *Positivität der Utopie.* Das erste, was da gesagt werden muss, ist, dass Utopie *Wahrheit* ist. Warum ist sie wahr? Weil sie das Wesen des Menschen, nämlich das innere Ziel seiner Existenz ausdrückt. Sie zeigt, was der Mensch wesenhaft ist. Jede Utopie ist ein Aufweisen dessen, was der Mensch als inneres Ziel, als innere Erfüllung in sich und vor sich hat und haben soll. (…) Die soziale Utopie verliert (deshalb) ihre Wahrheit, wenn sie nicht zugleich Utopie im Bezug auf das Personale ist, und die personale Utopie verliert ihre Wahrheit, wenn sie nicht zugleich Utopie im Bezug auf das Soziale ist.

Das zweite, was wir positiv über die Utopie sagen müssen, ist ihre *Fruchtbarkeit* (…) Ohne die vorwegnehmende Phantasie wären in der Menschheitsgeschichte zahllose Möglichkeiten unrealisiert geblieben. Wo keine vorwegnehmende Utopie Möglichkeiten eröffnet, da finden wir Gegenwartsverfallenheit, da finden wir, dass nicht nur in Einzelnen, sondern in ganzen Kulturen Selbstverwirklichung menschlicher Möglichkeiten unterdrückt bleibt.

Und das dritte Positive, was ich sagen möchte, ist die *Macht* der Utopie, das Gegebene umzugestalten (…) Die Wurzel ihrer Macht ist die wesenhafte oder ontologische Unzufriedenheit des Menschen in allen Richtungen seines Seins.

Die Negativität der Utopie

Die *Unwahrheit* der Utopie ist, dass sie die Endlichkeit und die **Entfremdung** des Menschen vergisst. (...) Die Unwahrheit der Utopie ist ihr falsches Menschenbild, und darum kann man die Utopie, sofern sie auf dieser Unwahrheit ihr Denken und Handeln baut, nur damit angreifen, dass man ihr zeigt: Der Mensch, den sie voraussetzt, ist der unentfremdete Mensch.

Und das zweite, wo ich wieder eine Negation der Position gegenüberstelle, ist die *Unfruchtbarkeit* der Utopie (...), dass sie die Unmöglichkeiten (...) als reale Möglichkeiten beschreibt und damit in reine Wunschprojektionen gerät.

Und das dritte ist die *Ohnmacht* der Utopie (...), dass sie unvermeidlich aus ihrer Unwahrheit und Unfruchtbarkeit zur Enttäuschung führt.

Der Terror ist ein Ausdruck für den Enttäuschungscharakter einer verwirklichten Utopie. Mit anderen Worten, die Ohnmacht der Utopie wird durch die Enttäuschung zu einer dämonischen Macht in der Gesellschaft.

Reich Gottes und Utopie

In dem, was in der Geschichte geschieht, verwirklicht sich das Reich Gottes. Es verwirklicht sich und wird zugleich bekämpft, unterdrückt, ausgestoßen.

Wichtig (...) bleibt die Idee, die die Utopie in ihrer Unwahrheit überwindet und in ihrer Wahrheit offenbar macht, oder, wie ich es vielleicht als Zusammenfassung sagen könnte, der *Geist der Utopie, der die Utopie überwindet.*

Paul Tillich (1886–1965), evangelischer Theologe und Religionsphilosoph.

Bildausschnitt aus Edward Hicks, Das Reich des Friedens, ca. 1834

Das unbekannte Morgen

von Tina Baier

Zu Beginn des 20. Jahrhunderts blickten die Forscher zuversichtlich und vielleicht auch etwas naiv in die Zukunft. Was sie dort sahen, waren fliegende Autos, Menschen, die die Funktion ihrer Organe selbst regeln können, und gläserne Städte auf dem Mond. Zweifel, dass alles ganz anders kommen könnte, gab es kaum. Und hin und wieder wurden sogar Vorhersagen gemacht, die der heutigen Realität erstaunlich nahe kamen. (…)

Heute, am Beginn des 21. Jahrhunderts, sind die Futurologen vorsichtig, sogar kleinlaut geworden. „Die Zukunft ist immer weniger vorhersehbar“, sagt Klaus Burmeister vom Zukunftsforschungsbüro Z-Punkt in Essen. Und sein Kollege Karlheinz Steinmüller beklagt, dass die Zeiträume, für die sich halbwegs gesicherte Vorhersagen treffen lassen, in unserer schnelllebigen Gesellschaft immer kürzer werden: „Die Zukunft kommt immer schneller.“ (…)

Statt mit dem Aussehen von Mondstädten beschäftigen sich Futurologen heute zum Beispiel mit *Wild Cards*. So heißen im Englischen die Joker-Karten beim Canasta oder Rommé, die dem Spiel unverhofft eine neue Wendung geben können. In der Zukunftsforschung versteht man darunter überraschende Störereignisse, die gewaltige Veränderungen mit sich bringen. *Wild Cards* kommen selten vor, eröffnen dann aber völlig neue Perspektiven.

„Ein Beispiel wäre die Erfindung einer effizienten Methode zur Speicherung von Energie“, sagt Rolf Kreibich, Geschäftsführer des Instituts für Zukunftsstudien und Technologiebewertung (IZT) in Berlin. Unser Energieproblem wäre damit auf einen Schlag gelöst, bisher zementierte Zusammenhänge in Wirtschaft und Politik würden durcheinander gewirbelt. Doch auch Terroranschläge wie die des 11. September 2001 in New York und Washington zählen Zukunftsforscher zu dieser Art unvorhersehbarer Ereignisse, die die Welt verändern. (…)

Eine Methode, die Futurologen anwenden, ist die „Extrapolation“. Dabei überlegen sie, wie sich Trends der Gegenwart weiterentwickeln könnten. Bei Vorhersagen über das Bevölkerungswachstum etwa, auf das sich auch unvorhergesehene Ereignisse nur mit Verzögerung auswirken, funktioniert das ganz gut. Bei der „Szenarientechnik“ wird nicht nur eine einzige Zukunft entwickelt, sondern viele verschiedene Zukünfte. (…)

Doch was nützt ein solcher Blick in verschiedene Zukünfte? Minx beantwortet diese Frage mit einem Zitat des Philosophen Immanuel Kant. „Unsere Notwendigkeit zu entscheiden, reicht weiter als unsere Fähigkeit zu erkennen.“

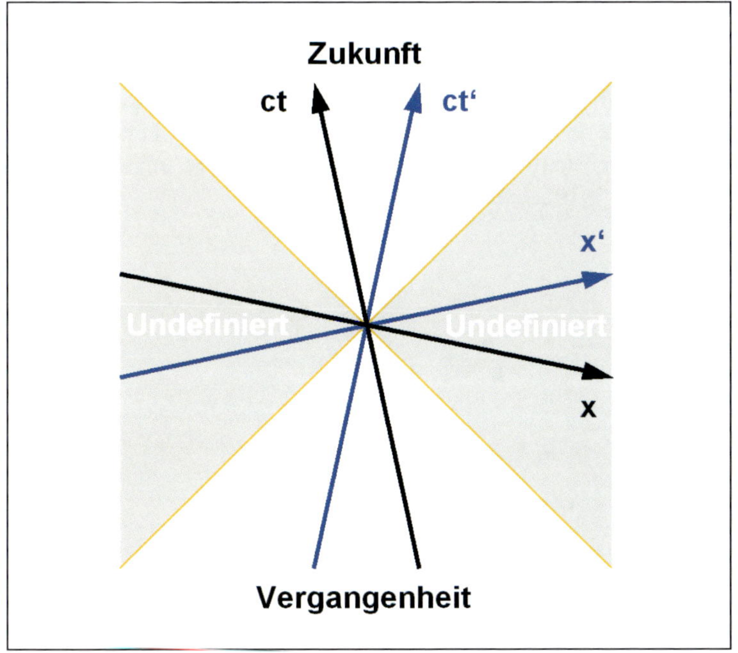

Minkowski-Diagramm, Kausalität

Es ist Zeit!

Kehret um

Denkschrift der EKD: Umkehr zum Leben 2009

Der Klimawandel fordert uns als Christen in ganz besonderem Maße heraus, zu einer neuen Lebenshaltung umzukehren. Christus befreit uns aus alten Denk- und Lebensmustern und macht uns fähig zur Umkehr. „Kehret um, und ihr werdet leben."

Eine Lebens- und Wirtschaftsweise, die auf ständiges Wachstum setzt, ist nicht nur gefährlich und unverantwortlich, sondern leugnet auch die von Gott geschaffene heilsame Endlichkeit des Menschen. Letztlich geht es auch darum, dass wir als Menschen das für uns richtige Maß wieder finden und eine neue Ethik der Genügsamkeit einüben.

Gottes eigenes Handeln, das Recht schafft, erinnert uns daran, dass die Hoffnung auf Gerechtigkeit nicht eine Utopie bleibt, sondern für diese Welt gilt: Friede auf Erden ist eine schon jetzt geltende Verheißung. Wir machen uns schuldig vor Gottes Augen und vor der Welt und leugnen seine befreiende und verändernde Macht, wenn wir als Christen trotz allen Wissens nicht den global und lokal herrschenden Ungerechtigkeiten, den Menschen verachtenden Kriegen und dem aus Maßlosigkeit geborenen Raubbau an seiner Schöpfung entgegentreten. „Kehret um, und ihr werdet leben" – diesen prophetischen Ruf gilt es, zuerst für uns als Kirche zu hören, anzunehmen und ihn zu leben. Dann werden wir als Kirche auch eine Stimme werden, die sich in der Diskussion um die Suche nach neuen politischen und ökonomischen Leitbildern zu Wort melden kann, eine Stimme, auf die andere in Gesellschaft, Politik und Wirtschaft hören können.

„das Unerhörte", S. 65

Schöne neue Welt?

Kitka river, from series Museum of Nature 2005

Was dürfen wir hoffen?

von Michael von Brück

Lebewesen sind endlich. Menschen wissen es. Dieses Wissen ermöglicht eine Sehnsucht über das Gegenwärtige hinaus, eine Überlegenheit über die Zeit und die Endlichkeit – und dieser Wunsch nach dem, was (noch) nicht ist, zeichnet den Menschen aus. Aufgrund des Zeitbewusstseins kann sich der Mensch die Zukunft vorstellen. Ja, er kann sich intuitiv in eine andere Wirklichkeit als die, die er gegenwärtig real erlebt, versetzen.

Die denkende Imagination ist es, die das Endliche übersteigt und Hoffnung über die jeweilige Gegenwart hinaus freisetzt. Hoffnung ist Ausdruck des Kreativen im Menschen, der sich über den Ist-Zustand erhebt. Hoffnung erzeugt ein Spannungsverhältnis, nämlich die Kluft von Wirklichkeit und Anspruch, von Sein und Sollen bzw. Wünschen. Aber Hoffnung ist zugleich Inbegriff der Aufhebung dieses Widerspruchs.

Hoffnung hat eine individuelle und eine gesellschaftliche Seite. Auf der einen Seite hat jeder Mensch Hoffnungen für sein eigenes Leben und diese Hoffnungen kreisen nicht nur, aber doch zentral, auch um die Frage nach der Grenze des Lebens, d. h. nach dem Tod und einem möglichen Jenseits. Auf der anderen Seite kann jeder Mensch als Mensch nur in einer Gesellschaft existieren, denn er ist, was er ist, in Beziehung zu anderen Menschen.

Die Gesellschaft ermöglicht Leben und schränkt gleichzeitig mögliche Lebensgestaltung ein. Auch hier kreisen die Hoffnungen um die Möglichkeiten der Grenzüberschreitung dessen, was ist, also um eine Veränderung der gesellschaftlichen Zustände. In vielen Gesellschaften und besonders in den entsprechenden Religionen können wir beobachten, wie sich beide Dimensionen der Hoffnung in gegenseitiger Abhängigkeit ausgestalten und verändern.

Michael von Brück (geb. 1949), evangelischer Religionswissenschaftler und Theologe.

Aufgaben

Abbildungen haben keine eigene Nummerierung; sie werden in die Zusammenhänge der Aufgaben zum Text (T1 …) eingebettet.

Titelbild:
Schreiben Sie eine persönliche Betrachtung zum Bild unter der Fragestellung: „Was kann man / was kann ich hoffen?"

T1
- Nehmen Sie die ersten Verse (Jes 11,1–5) hinzu und beschreiben Sie die Wirkung dieser Zukunftsvision. Vergleichen Sie mit dem Text von EG 30 „Es ist ein Ros entsprungen".
- Erörtern Sie im Zusammenhang mit den Bildern dieses Kapitels (bes. S. 121): Frieden mit der Natur – Kitsch oder Notwendigkeit?

T2
- Vergleichen Sie die Symbolik von Jesaja 11 mit der Vision des Johannes.
- Verfassen Sie für einen Kirchenführer einen Informationstext über den Hezilo-Leuchter im Dom zu Hildesheim.
- Tragen Sie weitere religiöse Symbole der Zukunft zusammen und erläutern Sie ihre Bedeutung und Herkunft.

T3
- Recherchieren Sie im Neuen Testament die Botschaft Johannes des Täufers. Was macht den Unterschied zu Jesu Botschaft aus? Belegen Sie Ihre Position mit Bibelstellen Ihrer Wahl.
- Deuten Sie den Satz des Textes: „Auferstehung findet vor dem Tode statt."
- In seinen Reich-Gottes-Gleichnissen spricht Jesus von der richtigen Einstellung gegenüber der erwarteten Zukunft. Stellen Sie die unterschiedlichen Lehren der folgenden Texte (T3, T4) einander gegenüber (evtl. in einer Gruppenarbeit) und versuchen Sie dann eine gemeinsame Position zu formulieren. (Mk 4,26–29; Lk 12,13–21; Lk 12,35–38)
- Nehmen Sie unter Einbeziehung von Kapitel 4 Stellung zu der Frage, ob Jesus ein Apokalyptiker war.

T4
- Der Buddhismus warnt vor einer „Anhaftung" in den weltlichen Dingen. Paulus empfiehlt das „Haben-als-hätte-man-nicht". Stellen Sie Ähnlichkeiten und Unterschiede beider Positionen einander gegenüber.
- In Kapitel 5, T5 wird die *Rollendistanz* (Person und Rolle) als Merkmal des Christlichen betrachtet. Entfalten Sie Martins Position vor diesem Hintergrund.

T5
- Die Hoffnung als Tochter des Glaubens? Entfalten Sie, inwiefern die Aussagen des Textes über die Empfehlung einer positiven Lebenseinstellung hinausgehen.

T6 bis T8
- „Hoffen – worauf?" – Beantworten Sie die Frage für jeden der drei Texte.

T9
- Entwickeln Sie ein Mindmap zum Stichwort „Utopie".
- Erörtern Sie: „Alle Utopien sind im 21. Jahrhundert überholt. An ihre Stelle ist der kalte Realismus der wirtschaftlichen Globalisierung getreten."
- Tillich sieht die Schwäche der Utopien in ihrem Menschenbild. Stellen Sie wichtige Aspekte des christlichen Menschenbildes zusammen, die in diesem Zusammenhang ausschlaggebend sein können. Führen Sie beispielhafte Bibelstellen an.
- Recherchieren Sie, welches Grundkonzept die „Theologie der Befreiung" in Südamerika verfolgt hat, und bewerten Sie sie mit Maßstäben aus Tillichs Text.

T10
- Stellen Sie Hoffnungsbilder und Untergangsszenarien aus den Medien in einer Collage einander gegenüber.
- Beschaffen Sie Informationen über Herkunft und Bedeutung des Forschungszweiges „Futurologie". Stellen Sie verschiedene Modelle von Zukunftsberechnungen vor.

- „Schlaraffenland Utopia“ – Lassen Sie Ihrer Fantasie freien Lauf und schildern Sie das ideale Leben der Menschen auf der „Insel Zukunft“.

T11
- Arbeiten Sie theologische Argumente heraus, die ein Engagement der Kirche in ökologischen und gesellschaftlichen Fragen begründen. Beziehen Sie auch die Abbildung auf S. 121 mit ein.
- Untersuchen Sie auch andere Denkschriften der EKD darauf hin, welche Rolle die Orientierung an der Reich-Gottes-Idee für gesellschaftliche Aktivitäten spielt.

- „Hoffnung für mich“ und „Hoffnung für die Welt“ stehen in gegenseitiger Abhängigkeit. Legen Sie dar, wie sich der Charakter einer Religion verändert, je nachdem welche Seite überwiegt.
- „Religion ist Opium des Volkes“ (Karl Marx) – „Religion ist das Dynamit des Volkes“ (Jan Assmann). Erörtern Sie, welche Rolle religiös begründete Zukunftshoffnungen heute spielen.

Kompetenzen

Ich kann

- Zukunfts- und Hoffnungsbilder aus dem Neuen und Alten Testament erklären und in symbolischen Darstellungen wiedererkennen
- Zukunftshoffnungen und **apokalyptische** Visionen, die in unserer Gesellschaft eine Rolle spielen, mit biblischen Vorstellungen vergleichen
- die **Reich-Gottes-Verkündigung** Jesu an einem Gleichnis verdeutlichen und die Spannung von Zukunftsaussagen und der Gegenwartsbedeutung erklären
- an der Unterscheidung von säkularer Utopie und Reich-Gottes-Symbol mit konkreten Beispielen deutlich machen, in welcher Beziehung der christliche Glaube zu gesellschaftlichen Veränderungen stehen kann
- erläutern, welche innere Haltung der christliche Glaube zwischen Distanz zum Weltlichen und Engagement in gesellschaftlichen Angelegenheiten fordert

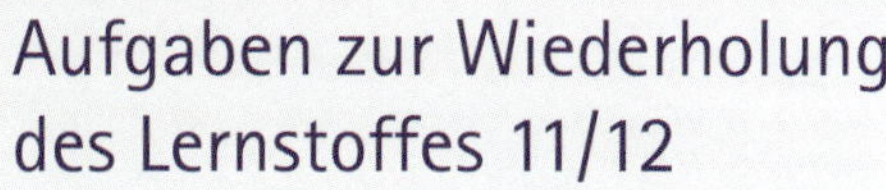

Aufgaben zur Wiederholung des Lernstoffes 11/12

Liebe Schülerin, lieber Schüler, liebe Lehrerin, lieber Lehrer,

am Ende dieses Buches finden Sie einen Anhang, der in sechs thematisch unterschiedlichen Angeboten Vorschläge macht, die Sie dazu motivieren sollen, Rückschau auf die Inhalte der vergangenen Jahre zu halten. Die folgenden Aufgabenstellungen verlangen es, die nacheinander behandelten Themen des Religionsunterrichts und die an ihnen erlernten Fähigkeiten miteinander in Verbindung zu setzen. In einer solchen „Gleichzeitigkeit" zeigt sich, in welch vielfältigen Beziehungen die verschiedenen Gedanken und Probleme zueinander in Wirklichkeit stehen. Texte ein und desselben Verfassers (z. B. Martin Luther oder Immanuel Kant) kommen in verschiedenen Kontexten vor; damit aber ein Gesamtbild entstehen kann, ist es notwendig, nach einem Grundmotiv zu fragen und vielleicht noch einmal zurückzublättern …

Diese „Vernetzung" ist schon während des Kurses immer wieder angesprochen worden, im Überblick über das Ganze des Erlernten ist sie aber erst am Ende möglich. Die folgenden Aufgaben sollen Ihnen also Anregungen dazu geben, Ihr erworbenes Wissen und ihre Urteilsfähigkeit in – im weitesten Sinne – religiösen Fragen konkret anzuwenden. Und vielleicht entdecken Sie bei der Bearbeitung und Diskussion der Ergebnisse mit Lehrern und Mitschülern weitere Fragen und Problemstellungen, die ihre „religiöse Kompetenz" herausfordern.

Inhalt

Angebot 1 Warum ich gerne lutherisch bin

von Johann Hinrich Claussen

Johann Hinrich Claussen (geb. 1964), evangelischer Theologe und freier Mitarbeiter der Frankfurter Allgemeinen Zeitung.

Die meisten Menschen, mit denen ich es zu tun habe, wüssten gar nicht zu sagen, was das Besondere am Lutherisch-Sein wäre. Und es würde sie auch nicht sehr interessieren. Es fällt ihnen vielmehr schon schwer, Protestantismus und Katholizismus auseinander zu halten. (...)

Nun bin ich alles andere als ein Lutherexperte. Doch immerhin weiß ich, dass sich Luthers Theologie nicht auf einen einzigen Begriff bringen lässt. Seine Theologie ist kein Lehrsystem, sondern ein Kontinent. Und was kann man auf ihm entdecken?

Da ist zunächst eine ungeheure religiöse Dringlichkeit, eine massive Sehnsucht nach einem zugewandten Gott, die sich mit nichts anderem zufrieden gibt als mit der Erlösung und dem Erlöser selbst. Damit verbunden ist ein unverfälschter Sinn für die Spannungspole des Glaubens: die strahlende Freude des Erlösten wie das nackte Gottesgrauen des Angefochtenen. Das erzeugt eine große innere Unruhe, eine religiöse Gespanntheit und eine Faszination und Lebendigkeit, wie man sie nur sehr selten findet. Aus ihr erwächst eine eigentümliche Fähigkeit, zu unterscheiden und das deutlich voneinander Unterschiedene aufeinander zu beziehen. Das zieht sich unter der Überschrift „Gesetz und Evangelium" durch Luthers ganze Theologie, wirkt sich aus auf Frömmigkeit, Kirchenbild und Ethik.

Ihr Zentrum hat sie in einem neuen Verständnis des Gewissens: Der Glaube muss individuell verantwortet werden. Er kann nicht delegiert werden. Deshalb muss jeder sein eigener Priester sein. Das führt aber nicht zu einer Klerikalisierung aller Gläubigen, sondern im Gegenteil dazu, dass diese die „Welt" entdecken, Gott im profanen Leben suchen und ihre Verantwortung in einem ganz normalen Berufsleben wahrnehmen.

Aufgaben

- Suchen Sie alle Texte des Lehrgangs, die sich mit Luther beschäftigten, ordnen Sie sie in einer Liste und nutzen Sie sie als Belege für die Position von Johann Hinrich Claussen.
- Prüfen Sie, inwieweit die Überschrift „Gesetz und Evangelium" jeweils den zentralen Punkt der Aussagen Luthers erfasst.
- Der Verfasser sieht einen Zusammenhang zwischen Luthers Verständnis des Gewissens, seiner Zwei-Reiche-Lehre und seiner Auffassung vom weltlichen Beruf. Stellen Sie diesen Zusammenhang dar. Diskutieren Sie auf diesem Hintergrund Stärken und Schwächen „lutherischen Denkens".

An den Grenzen des Verstandes

Angebot 2

von Helmut Etzold

Eine offenkundige Unvereinbarkeit bestimmt heute die Diskussion auf vielen Ebenen: in den Wissenschaften genauso wie im Bereich der Spiritualität und der Religionen. Es ist die Unvereinbarkeit zwischen einer Innenansicht und einer Außenansicht. Wir erleben zwei Standpunkte, die einander unversöhnlich gegenüberstehen. (…)

Der Grund der Auseinandersetzung scheint wesentlich durch Reduktionismen, also Vereinfachungen, beider Seiten bedingt: So wie Wissenschaftler heute die Außenansicht verabsolutieren und die Phänomene der Innenansicht hinweg erklären – sei es bei der Leugnung der Willensfreiheit und schuldhaften Verstrickung, des Bewusstseins oder des Transzendenten und der Religionen –, so geschieht bei den Mystikern und Meditierenden offenbar leicht auch das Umgekehrte.

Da heißt es dann: Alles ist gut, unsere Welt war seit jeher vollkommen. Denn in allem manifestiert oder vollzieht sich das Göttliche. (…)

Die Welt ist also schön und unüberbietbar, wenn wir sie im Lichte Gottes sehen, und nur so sehen wir sie richtig. Und weil alles schon gut ist, erübrigt sich die Frage nach der Zukunft und ihren Perspektiven. (…)

In ihrer rationalen Beurteilung der Welt und ihren Handlungen lassen sich die Vertreter dieser Sicht dann von dieser Haltung leiten. Es komme einzig darauf an, dass wir Menschen über die Einheitserfahrung die rechte Sicht der Welt gewinnen und dass alle zu dieser Sicht gelangen durch Schulung und Entwicklung des Bewusstseins. Das werde der Welt mehr Frieden bringen und würde das richtige Handeln erst ermöglichen, heißt es. Erst von dieser Basis ausgehend sollte man sich an die „Änderung ungerechter sozialer, politischer und wirtschaftlicher Weltstrukturen machen. (…) Man müsse also erst das rechte Bewusstsein und eine lautere Gesinnung haben, ehe man eingreift in die Verhältnisse der Welt. (…)“

Ähnliche Aussagen, wenn auch nicht in dieser Eindeutigkeit, hört man auch von anderen Gläubigen: Gott werde irgendwann die Welt vollenden, ihnen bleibe nur Dankbarkeit, zeichenhaftes Handeln und gläubiges Vertrauen in Gottes Werk. Mitwirken in weltlichen Angelegenheiten solle und könne man nur durch Beten.

Es scheint, als würden sich die Vertreter dieses spirituellen oder geistigen Reduktionismus mehr oder weniger an alte fernöstliche Lehren halten. Denn ähnliche Gedanken finden wir etwa bei Laotse in der Schrift „Tao Te King“:

„Wer im Sinne wandelt, nimmt täglich ab.
Er verringert sein Tun und verringert es immer mehr.
Bis er anlangt beim Nicht-Tun.
Beim Nicht-Tun bleibt nichts ungetan.
Das Reich erlangen kann man nur,
wenn man immer frei bleibt von Geschäftigkeit.
Die Vielbeschäftigten sind nicht geschickt, das Reich
zu erlangen.

Die Welt ist ein geistig Ding
das man nicht behandeln darf.
Wer handelt, verdirbt sie."

Die Außenansicht in dieser Frage vertritt das Gegenteil. Sie deckt sich dabei zum Teil mit einer säkularen oder areligiösen Sicht: Die Welt ist nicht schön, viel eher schrecklich oder traurig. Ihr Anfang muss ein großes Unglück, ein Versehen gewesen sein, oder jemand hat sich dabei schuldig gemacht. Es war kein liebender oder fürsorglicher Gott, der diese Welt einrichtete oder ersann.

Die Existenz, die Evolution und der weitere Fortbestand des irdischen Lebens verdanken sich der Absonderung und eigennützigen, meist rücksichtslosen Durchsetzung lebender Einheiten und deren anhaltender Dynamik wie auch zerstörerischer Begleiterscheinungen. Es kommt darauf an, dass wir die Schrecken und die Leiden, die bisher damit verbunden sind, nach Kräften verringern.

Hier sind auch moralische Wertungen angebracht. Es geht um das bessere Gelingen einer offenbar misslungenen oder doch höchst unfertigen Welt. Die Menschen müssen sich auf eine Richtung und ein Ziel einigen, sonst droht der Untergang. Wir müssen die Bedingungen, unter denen die Menschen leben und sie konditionieren, ändern. (...) Denn Bewusstsein sei eine aus dem Stofflichen abzuleitende Größe. Wir müssen es also der Natur gleichtun, deren Gesetzen – Selektionsdruck und Steigerung der Fitness – wir verdanken, was wir sind und können.

Ähnlich sah es Karl Marx. Er forderte daher, die Produktionsverhältnisse und gesellschaftlichen Konstellationen („das gesellschaftliche Ensemble") zu verändern, um das richtige Bewusstsein zu erzeugen.

Doch auch materialistische Reduktionisten, die nur ihre Sicht gelten lassen wollen, können ihre Strategie nicht konsequent durchführen. Denn es ist ihr Bewusstsein, das sie zu diesem Engagement treibt. Doch woher haben sie es? (…)

Beide Ansichten, Perspektiven oder Standpunkte scheinen von ihrer Warte aus recht zu haben. Doch jede bleibt für sich allein unvollständig, weil sie das Gesamtphänomen nicht befriedigend klärt und weil sie allein dem Leben nicht genügen kann. Wir können beide Positionen in unserem Verstand auch nicht zusammenbringen und in einer einheitlichen Theorie vereinen. (…) Wir stehen gleichsam auf zwei Beinen: mit jedem Bein in einer anderen Welt oder anderen Welterfahrung. Die Verabsolutierung der einen oder anderen Sicht oder die Reduktion der einen auf die andere bedrohen das Leben, ja würden es schließlich scheitern lassen.

Aufgaben

- Verfassen Sie eine Inhaltsangabe. Entwickeln Sie eine Reihe thesenartiger Aussagesätze.
- Legen Sie dar, welche Fragestellungen der letzten beiden Jahre hier angesprochen werden.
- Prüfen Sie einzelne Aussagen und verwendete Begriffe auf ihre Angemessenheit und stellen Sie ggf. Sachverhalte richtig.
- Nehmen Sie Stellung zu dem aufgeworfenen Problem und entwickeln Sie einen eigenen Lösungsansatz.

Angebot 3 Was ist Religion?

Tae Bo

aus Wikipedia

Tae Bo ist eine Fitness-Sportart, die Elemente aus asiatischen Kampfsportarten wie Karate, TAEKWONDO oder Kickboxen mit Aerobic verbindet und in WORKOUTS meist zu schneller Musik praktiziert wird. Es ist jedoch selbst kein Kampfsport und keine Selbstverteidigungstechnik, sondern reine Fitnessgymnastik.

Der Name erinnert an asiatischen Kampfsport, ist aber ein Akronym für den Slogan des Erfinders von Tae Bo, Billy Blanks, und steht für:

T *Total commitment to whatever you do*
(= Volles Engagement für das, was du tust)
A *Awareness of yourself and the world*
(= Bewusstsein deiner selbst und deiner Umwelt)
E *Excellence, the truest goal in anything you do*
(= Perfektion, das wirkliche Ziel in all deinem Tun)
B *the Body as a force for total change*
(= der Körper als die Macht für totale Veränderung)
O *Obedience to your will and your true desire for change*
(= Gehorsam deinem Willen gegenüber und deinem wirklichen Verlangen für Veränderung)

Tom Cruise,
The Thetan Saint of Hollywood

Scientology

von der offiziellen Homepage von Scientology

Scientology ist eine Religion im wahrsten Sinne des Wortes, da sie hilft, dem Menschen völlige spirituelle Freiheit und Wahrheit zu bringen.

Der Kern der Lehre der Scientology ist: Sie sind ein unsterbliches, geistiges Wesen. Ihre Fähigkeiten sind unbegrenzt, auch wenn sie gegenwärtig nicht genutzt werden.

Scientology

aus Wikipedia

Der in Anlehnung an den griechischen Buchstaben THETA (Θ) benannte *Thetan* ist nach scientologischer Vorstellung das unsterbliche Wesen eines Menschen, also dessen Seele oder Geist. Der *Thetan* habe zunächst eine Reihe von Fähigkeiten besessen, diese jedoch im Laufe der Geschichte durch traumatische Erlebnisse verloren. *Thetane* reinkarnieren, ähnlich wie im Weltbild des Hinduismus, über mehrere Millionen Jahre in verschiedenen physischen Formen.

Das Universum ist nach scientologischer Vorstellung eine Schöpfung des *Thetans;* es hat keine unabhängige Existenz, sondern gewinnt seine Realität nur dadurch, dass die meisten *Thetane* ihm diese Existenz zusprechen.

Der *Verstand* vermittelt nach scientologischer Lehre zwischen *Thetan* und *Körper,* er setzte sich aus einem „analytischen" und einem „reaktiven" Teil zusammen. Der analytische Verstand löse bewusst Probleme und speichere Erfahrungen für spätere Problemlösungen als mentale Bilder. Demgegenüber speichere der reaktive Teil unabhängig davon körperliche oder emotionale Schmerzen als *Engramme* in einem separaten Speicher.

Engramme schränken den *Thetan* noch weiter in seinen schöpferischen Fähigkeiten ein; je mehr Engramme sich ansammeln, desto weiter sei der Mensch von seiner wahren Natur entfernt. Dieses Schicksal zu vermeiden ist das Ziel des Scientologen. Die Methoden der Dianetik sollen die Engramme auflösen, den Scientologen von ihrem hemmenden Einfluss befreien und ihm die Gewissheit zurückgeben, dass er ein *Thetan,* ein spirituelles Wesen, sei.

Aufgaben

- Untersuchen Sie die Strategie des Werbetextes kritisch und nehmen Sie zu der Frage Stellung, ob Tae Bo nach Ihrer Auffassung Bestandteil des schulischen Sportunterrichts sein kann.
- Entschlüsseln Sie die Ironie der Bildidee und suchen Sie nach Vorbildern für dieses Motiv.
- Profilieren Sie die Menschenbilder der beiden Texte und stellen Sie die Gemeinsamkeiten zusammen.
- Erläutern Sie die Bildidee zu „Scientology" und beurteilen Sie sie aus der Warte einer Beauftragten für Weltanschauungsfragen.
- Stellen Sie anhand biblischer Texte wesentliche Merkmale eines christlichen Menschenbildes heraus und setzen Sie es in Beziehung zu den Texten.
- Perfekte Kontrolle über den eigenen Körper und Geist zu haben, ist das Ziel religiöser, sportlicher und anderer Übungen. „Askese" ist auch eine der Grundformen christlicher Existenz. – Stellen Sie Vergleiche an zwischen verschiedenen Techniken der Selbstbeherrschung, die Ihnen bekannt sind (z. B. autogenes Training, Meditation, sportliche Übungen, religiöse Exerzitien etc). Beurteilen Sie sie aus christlicher Sicht.

Die neuen Gesichter Gottes

Angebot 4

von Klaus-Peter Jörns

In seiner religionssoziologischen Analyse untersucht Klaus-Peter Jörns die Überzeugungen und Meinungen eines repräsentativen Querschnitts der bundesdeutschen Bevölkerung und kommt zur Einteilung in vier Groß-Gruppen: Gottgläubige, Transzendenzgläubige, Unentschiedene und Atheisten. Über die letzte Gruppe trifft er folgende Feststellungen:

An erster Stelle zu nennen ist die Rolle, die Politik und Naturwissenschaft für Atheisten spielen. Ganz offenbar wird die Werteordnung im säkularen ‚Heiligen Kosmos' der Atheisten von einem positivistischen Wissenschaftsverständnis regiert. Das politische Interesse kommt hinzu und sorgt dafür, dass in keiner Gruppe wie in dieser die persönliche Identität so häufig mit der politischen Einstellung ausgedrückt wird.

Die bestimmte Art von Wissenschaftsbezug kommt im Welt- und Menschenbild deutlich zum Vorschein: Atheisten bevorzugen die Urknallhypothese im Blick auf die Entstehung des Weltalls und trauen den Menschen und seinen technischen Möglichkeiten viel zu im Blick auf die Erhaltung der Welt, die Behebung von Umweltschäden und noch ungelöster medizinischer Probleme. Niemand betont so häufig wie Atheisten die naturwissenschaftlich-technische Ebene in diesen Zusammenhängen.

Zwar haben auch Atheisten ein kritisches Menschenbild, was seine destruktiven Möglichkeiten angeht. Doch reicht die Kritik nicht so weit, dass sie den Menschen als das eigentliche Problem ansehen, sein Wesen problematisch finden würden. Grundsätzlicher als am Menschen wird an den Verhältnissen Kritik geübt, in denen Menschen leben: Die Gesellschaft muss verändert werden, damit der Mensch so sein kann, wie er ist. Vor allem müssen die Rechte der Frauen erweitert werden. Denn der Mensch ist an sich keine Fehlkonstruktion.

Sie votieren am häufigsten von allen für ein anonymes Grab bei der Bestattung und sagen auch am häufigsten Nein auf die Frage, ob ihr persönliches Schicksal einmalig ist. Schicksal ist im Übrigen nicht verhängt, sondern hängt mit den Verhältnissen und den eigenen Anteilen daran zusammen. Entsprechend wird nur von Atheisten bei der Frage nach dem Sinn des Lebens wirklich häufig Arbeit und berufliche Zufriedenheit genannt. Den Einsatz des eigenen Lebens wollen Atheisten am häufigsten von allen für nichts auf der Welt riskieren, auch nicht für die Freiheit oder eigene Ideale.

Mit dem höchsten Prozentwert von allen sagen Atheisten, dass Erlösung überhaupt nicht nötig ist, dass das Böse in uns als natürliche Aggression zu verstehen und Ergebnis ungerechter Systeme ist. Seele wollen sie als Metapher verstehen oder sehen die Rede davon als überholt an. Das deutlichste antitranszendentalistische Votum: 63% von ihnen glauben, dass nach diesem Leben nichts mehr kommt.

Atheistisch heißt also positiv gefasst, dass der Mensch sich selbst Maß und Gegenüber ist und den Heiligen Kosmos mit seinen aus der Ideengeschichte stammenden Wertvorstellungen besetzt. Atheisten in unseren Umfragegebieten sind tendenziell wissenschaftsgläubig und antitranszendentalistisch, lehnen den Glauben als unwissenschaftlich, Erfindung, Ausdruck psychischer Unfreiheit oder einfach als überholt ab. Sie sind mehrheitlich männlich, ihr Menschenbild ist von der Leitvorstellung der Autonomie geprägt.

Die Kirchen haben – bis in die Reihen der eigenen Pfarrerschaft hinein – an Glauben normierender Kraft verloren. Der dabei erkennbare Autoritätsverlust hat zuerst damit zu tun, dass die Kirchen über Jahrhunderte hinweg mit sich selbst, das heißt: mit den Amts-, Lehr- und Kultfragen beschäftigt gewesen sind. Sie haben dabei den Zusammenhang aus dem Auge verloren, der zwischen Glaube und Leben besteht, indem sie Heil auch ohne Lebensbezug und Lebenshilfe meinten aussagen zu können. Indiz dafür ist, dass Heil und Heilung auseinandergetreten sind.

Aufgaben

- Entwerfen Sie einen Fragebogen, den der Verfasser für seine Untersuchung verwendet haben könnte. Unterscheiden Sie Aussagen des Textes, die sich auf Fakten beziehen, von solchen, die bewerten und deuten.
- Vergleichen Sie die hier genannten atheistischen Positionen mit den Lehrmeinungen von Ihnen bekannten atheistischen Philosophen und den Positionen des christlichen Glaubens, wie Sie sie kennengelernt haben.
- Kommentieren Sie: Wie trennend sind die Grenzlinien? Welche Motive beeinflussen die Entscheidung von Menschen für die eine oder andere Position? Welche ethische Relevanz haben solche Entscheidungen?
- Entwerfen Sie ein Handlungsmodell, nach dem die christlichen Kirchen auf den breiten Atheismus in unserem Land reagieren könnten.
- Legen Sie dar, in welchem Verhältnis die Begriffe „Heil“ und Heilung“ stehen; berücksichtigen Sie hierbei das christliche Verständnis der Endlichkeit und Hinfälligkeit des menschlichen Lebens.
- Nehmen Sie Stellung zu Klaus-Peter Jörns’ letzter These und entwickeln Sie Strategien, wie die Kirchen wieder an gesellschaftlichem Gewicht gewinnen könnten.

Abendmahl und Ökumene

Angebot 5

aus Zeit-Online

Der mutigste Moment des Ökumenischen Kirchentages in München war ein verbotener Gottesdienst: Gegen den Willen der römischen Kurie feierte der katholische Theologe Gotthold Hasenhüttl am Samstagabend das gemeinsame Abendmahl mit den Protestanten. Über den Sinn des gemeinsamen Abendmahls sagte er in seiner Predigt: „Eucharistie ohne Versöhnung und Liebe ist Verhöhnung und die schlimmste Verkehrung der christlichen Botschaft. Ich kann nicht ein Zeichen der Liebe setzen und zugleich gegen die Liebe in meiner Handlungsweise verstoßen.“ Weintrinken als Geste des Widerstandes: Hasenhüttl teilte das Abendmahl nicht nur mit Protestanten. So rief er ausdrücklich auch Nicht-Christen zur Teilnahme auf, um ein Zeichen der Brüderlichkeit aller Menschen zu setzen.

Aufgaben

- Erläutern Sie die Deutung, die Hasenhüttl dem Abendmahl gibt und welche weiteren Aspekte aus theologisch-biblischer Sicht einzubringen wären.
- Nennen Sie Argumente, die eine Teilnahme von Nicht-Christen am Abendmahl rechtfertigen können.
- Das Abendmahl ist Ausdruck des Glaubens an Jesus Christus, den Sohn Gottes – Erläutern Sie Glaubenssätze und Texte, in denen dieser gemeinsame Glaube aller Christen zum Ausdruck kommt, und inwiefern er konstitutiv für das christliche Gottesbild ist.
- Versetzen Sie sich in die Lage eines Katholiken oder Muslims, der von Protestanten zu einer gemeinsamen Abendmahlsfeier eingeladen wird. Formulieren Sie eine begründete Annahme oder höfliche Ablehnung dieser Einladung.

Angebot 6 Beten alle zu demselben Gott?

Kirchenamt der Evangelischen Kirche

Wahrheit ist im Verständnis des christlichen Glaubens nicht zuerst eine in Sätzen formulierte Richtigkeit. Wahrheit ist ein Ereignis, in dem das geschieht, worauf man sich schlechterdings verlassen kann. Nach christlichem Verständnis ereignet sich die Wahrheit in der Offenbarung des lebendigen, von der Sünde errettenden Gottes in Jesus Christus, der durch das Wirken des Heiligen Geistes den frei machenden Glauben schafft: Die Wahrheit rettet und heilt.

Damit ist aber nicht nur ein Unterschied, sondern auch ein Gegensatz zu anderen Religionen gegeben. Er wird darin sichtbar, dass andere Religionen aufgrund anderer religiöser Erfahrungen Jesus Christus *nicht als Ereignis der Wahrheit* anzuerkennen vermögen, in dem sich die Rettung der ganzen Welt vollzogen hat und vollzieht. Die bleibend schmerzende Urform dieses Gegensatzes ist die Ablehnung Jesu Christi als entscheidendes, Menschen errettendes Ereignis der Wahrheit im *Judentum.*

Wenn es aber in Jesus Christus wirklich um Wahrheit geht, dann kann der christliche Glaube auf diese Situation nicht so reagieren, dass er die Wahrheit des Christusgeschehens zu einer Teilwahrheit ermäßigt. Ein bisschen Wahrheit ist gar keine Wahrheit.

Die Wahrheit als Ereignis aber wird niemals ein menschlicher Besitz. (...) Sie lässt sich nicht erzwingen und nicht fordern, sondern nur in Freiheit realisieren. Und nur indem man im Glauben sein eigenes Meinen, Wollen, Wünschen, Fühlen und Tun von dieser freimachenden Wahrheit Gottes zu unterscheiden lernt, kann man sein Leben an ihr orientieren, von ihr her gestalten und diese Wahrheit gegenüber anderen Menschen vertreten.

In dieser Hinsicht sind Christen also in der gleichen Lage wie die Menschen mit anderen religiösen Grunderfahrungen. Sie sind selbst *auf das Ereignis der Wahrheit angewiesen,* das sie bezeugen. Sie werden das in der Begegnung mit anderen Religionen so klar wie möglich machen müssen. Ihre Lehre, ihre Lebensformen und -ordnungen sind nicht die wahre Religion. Sie sind der Versuch, der Erfahrung der Wahrheit Gottes menschlich zu entsprechen.

Es liegt nicht in der Hand der Christenheit, den Gegensatz der Religionen ... aus der Welt zu schaffen.

Aber auch die schwerwiegende Frage, ob und unter welchen Voraussetzungen Christen mit Vertretern anderer Religionen gemeinsam beten können, muss im konkreten Fall an dem Kriterium entschieden werden, ob solches gemeinsames Beten der befreienden Wahrheit des Evangeliums von Gottes schöpferischer Nähe beim sündigen Menschen die Ehre gibt oder ob es dieser Wahrheit in den Rücken fällt.

Aufgaben

- Stellen Sie grundlegende Gedanken einer philosophischen Beschreibung des Wahrheitsbegriffs dar und vergleichen Sie sie mit dem Begriff von Wahrheit, der hier verwendet wird.
- Untersuchen Sie, ob in diesem Text ein Absolutheitsanspruch des christlichen Glaubens im Hinblick auf die Wahrheit erhoben wird.
- Stellen Sie Bibelstellen zusammen, in denen von einer Offenbarung Gottes für die Menschen gesprochen wird, und deuten Sie diese im Zusammenhang mit den Thesen des Textes.
- Legen Sie dar, in Bezug auf welche Religionen sich die Frage eines gemeinsamen Gebets stellen könnte, und erörtern Sie die theologischen und praktisch-seelsorglichen Schwierigkeiten.

Glossar

Die folgenden kurzen Hinweise zu den im Lehrbuch vorkommenden Begriffen ersetzen eine genauere Recherche nicht, können aber bei komplexeren Begriffszusammenhängen einen Weg weisen und die Informationsauswertung erleichtern. Außerdem können sie als Grundlage für eine Überprüfung des Grundwissens dienen.

Aggressionstheorien
Humanwissenschaftliche Forschung mit biologischen oder soziologischen Schwerpunkten haben in unterschiedlicher Weise versucht, das überzogene Auftreten von Aggressivität beim Menschen zu erklären und es damit auch – wenigstens im Ansatz – in den Griff zu bekommen. Die bekanntesten Positionen sind die Instinkttheorie, die Frustrations-Aggressionstheorie und die Theorie des sozialen Lernens von Aggression.

Alltagsethik
Selbstverständliche Grundregeln des Verhaltens in einer Gesellschaft, die das Leben verlässlich machen und als internalisierte Spielregeln nicht begründet werden müssen.

Analogie
Bei Karl Barth beschreibt der Begriff die angestrebte Beziehung zwischen den Verhaltensregeln im Staat und denen, die Gott den Menschen im Gebot der Nächstenliebe vorgibt. Sie können nicht identisch sein, dürfen aber auch nicht voneinander abgekoppelt werden.

apodiktische Rechtssätze
gelten ohne Bedingungen, Begründungen oder Einschränkungen wie z. B. Du sollst nicht töten.

Apokalyptik
Bewusstsein vom herannahenden oder unmittelbar bevorstehenden Ende der Welt, das an geheimen Zeichen abgelesen wird (von griech. apokalyptein = enthüllen).

Beruf
Wertschätzende Bezeichnung für die menschliche Arbeit, die in lutherischer Tradition als eine Art weltlicher Gottesdienst angesehen wird, weil Gott den Menschen zur Mitarbeit berufen hat.

Dekalog
Von griech.: deka = zehn und Logos = Wort: Zehn Gebote.

Deontologische Normbegründung
Von griech.: to deon = Pflicht; eine Handlungsweise ist verbindlich, weil sie in sich als gut, richtig und geboten erscheint; z. B. die Wahrheit sagen, Versprechen einhalten; die möglicherweise eintretenden Folgen spielen keine Rolle (→ teleologische Normbegründung).

Egalitarismus
Die demokratische Grundidee von der Gleichheit aller („one man, one vote") steht im Gegensatz zu anti-egalitären Vorstellungen aus der Beobachtung der Natur (z. B. Nietzsche), aber auch aus der Bibel: Gott „erwählt" Menschen. Er liebt nicht alle in gleicher Weise.

Entfremdung
Bezeichnet das nahezu schicksalhafte, kaum veränderbare, falsche Verhältnis des Menschen zu seinem eigenen Wesen; der Begriff ist damit der christlichen Vorstellung von der Sünde, die den Menschen davon abhält, so zu sein, wie er von Gott gemacht ist, sehr nahe.

Entscheidungsethik
Verhalten in Bereichen, wo die Lebensführung in einer Gesellschaft alternative Wege und Modelle bereit hält; solche Entscheidungen fordern vom Einzelnen, Überlegungen anzustellen und nach Begründungen für die eigenen Präferenzen (→ Präferenz) zu suchen.

Enzyklika
Lehrschreiben des Papstes

Eschatologie
Von griech.: eschaton = Endzeit; in der Theologie die Lehre von der Erfüllung aller Verheißungen. Im Gegensatz zur Apokalyptik keine Zukunftsspekulation, sondern eine Perspektive auf die Welt, sozusagen mit den Augen Gottes, der Anfang und Ende kennt (→ Reich-Gottes-Verkündigung).

Eudämonismus
Ausrichtung der Ethik am Ziel des Glücks in einem gelingenden Leben von griech. Eudaimonia = Glückseligkeit; in deutlichster Ausprägung im Epikureismus (nach Epikur, griechischer Philosoph, 341–271 v. Chr.) und Hedonismus (von griech. Hedone = Freude, Lust, sinnliche Begierde).

Ganztod-Theologie
Im Gegensatz zur katholischen Kirche, die immer an der Unsterblichkeit der Seele festgehalten hat, wurde in der evangelischen Theologie überlegt, ob der Glaube an die Auferweckung der Toten durch Gott nicht zur Folge hat, dass der individuelle Tod ein definitives Ende ist, das nur durch Gottes Neuschöpfung aufgehoben werden kann.

Gesetz
Im Bereich jüdisch-christlicher Religion ist das Gesetz der Ausdruck des Willens Gottes, der sowohl in der Natur (Naturrecht) als auch in der Offenbarung (Dekalog, Bergpredigt) zum Ausdruck kommt.

Gesinnungsethik
Entscheidend für die sittliche Qualität einer Handlung ist, dass sie Ausdruck einer guten Gesinnung ist, selbst wenn sich die Folgen später als problematisch erweisen; (→ Verantwortungsethik)

„Hartz IV"
Umgangssprachlich für die zweite Stufe des Arbeitslosengeldes, welches die frühere Arbeitslosenhilfe mit der Sozialhilfe (seit 2005) zusammenfasst. Diese Leistung soll das Existenzminimum sichern, unabhängig davon, ob die Bedürftigkeit durch geringe Entlohnung oder durch Arbeitslosigkeit entstanden ist.

Kasuistik
Von lat.: casus = Fall: Eine Ethik, die durch genaue Fallunterscheidung jeweils die richtige Anwendung der Gesetze herausfinden möchte und dabei zu immer genaueren und detaillierteren Festlegungen kommt.

Konfliktethik
Handeln des Einzelnen in Krisensituationen, die eine existenziell bedeutsame, eventuell sogar tragische Entscheidung verlangen; solche Konflikte können eine tiefer gehende ethische Reflexion und eine Suche nach verlässlichen Orientierungen auslösen.

Naturrecht
Begründung für das Recht und seine Normen durch einen Rückgriff auf die menschliche Natur, im Gegensatz zum positiven Recht, das seine Geltung nur auf den gesellschaftlichen Konsens zurückführt.

Normenethik
Die Grundüberzeugung, dass nur verlässliche allgemeine Regeln das Zusammenleben der Menschen in einer Gesellschaft erträglich machen, führt zu einer Reglementierung der Handlungsweise der Einzelnen durch ein Gesetz. Die tiefere Begründung des Gesetzes kann in einem göttlichen Gesetzgeber, in der Vernunft des Menschen oder in der Natur gesucht werden (→ Naturrecht).

Präferenz
Vorzug, Wahl einer Alternative, Wunsch. Der Präferenz-Utilitarismus beurteilt jede Handlung danach, ob ihre Folgen mit den Präferenzen der beteiligten Wesen übereinstimmen.

Prekariat
Ein neu gebildeter Begriff, analog zum alten „Proletariat", für Arbeitnehmer in schwieriger Lage, z. B. durch Arbeitslosigkeit, geringe Löhne, Leiharbeit und sich verschlechternde Rechtslage.

Regiment
Bei Martin Luther die Art und Weise, wie Gott in der Welt tätig und wirksam wird, z. B. durch die Verkündigung des Evangeliums oder dadurch, dass er hinter den Geboten steht und deren Einhaltung (z. B. durch staatliche Gewalt) durchsetzt.

Reich-Gottes-Verkündigung
Das innere, geistige Zentrum der Verkündigung Jesu, der mit der unmittelbaren Nähe und Wirksamkeit Gottes rechnet (Mk 1,14). Alle Kompromisse, Teillösungen und Aufschübe verlieren von daher ihre Berechtigung und es gilt, den ursprünglichen Willen Gottes zu erkennen und zu leben – so, als sei jeder Tag der letzte und einzige.

Situationsethik
Die Grundüberzeugung von der Einmaligkeit jedes menschlichen Lebens (Existentialismus) führt dazu, keine allgemeinen Normen (→ Normenethik) anzuerkennen, sondern darauf zu bestehen, dass jeder Mensch in jeder Situation neu entscheiden muss, was richtig ist. Er kann sich nicht zu seiner Entlastung auf allgemeine Regeln berufen.

Teleologische Normbegründung
Von griech.: telos = Ziel: Eine Handlungsweise ist verbindlich, weil sie geeignet ist, ein als gut erkanntes Ziel zu erreichen; z. B. einen Wehrlosen zu beschützen. Dabei können die Mittel möglicherweise problematisch sein (→ deontologische Normbegründung).

Tora
Von hebr.: jarah = unterweisen; Weisung, Belehrung, Gebot. Jüdischer Name für die fünf Bücher Mose und das in ihnen enthaltene Religionsgesetz.

Utilitarismus
Ethik der Nützlichkeit (von lat. utilis = nützlich), die Handlungen als „gut“ einstuft, die zur Erreichung nicht-moralischer Güter für sich selbst und andere hilfreich sein können (→ Eudämonismus).

Utopie
Von griech.: ou topos = kein Ort: bezeichnet Zielvorstellungen der menschlichen Geschichte, die auf einem methodisch geplanten Weg erreicht werden sollen; im Gegensatz zum Symbol des → Reiches Gottes werden Utopien – unter Überspringen der Realität – konkret ausgemalt und beschrieben. Oft auch synonym für „unerreichbar“.

Verantwortungsethik
Entscheidend für die sittliche Qualität einer Handlung ist, dass die vorhersehbaren Folgen in die Entscheidung mit einbezogen wurden (→ Gesinnungsethik).

Quellenverzeichnis

Bildquellen

9: © Pierre Brauchli, Zürich 1979, nach Der Turmbau zu Babel von Pieter Brueghel
10: © Martin Stockburger, Bergisch Gladbach
12: VG Bild-Kunst, Bonn 2011
14: © DER SPIEGEL
15, 76: © bpk – Bildagentur für Kunst, Kultur und Geschichte
16: © Pieter Kunstreich, Hamburg
17: © Gerbil
18: Platon: Bibi Saint Pol
23: © Martina Reis, www.reis-kunst.de
24, 31, 55, 91, 92, 95, 96, 97, 99, 100, 103: © Hannes Mauerer, München
25, 28, 42f, 62, 65, 66, 82, 84, 114, 118, 132: www.shutterstock.de
27: Gemeinsame Buß- und Bettagskampagne der Evangelischen Kirche von Kurhessen-Waldeck und der Evangelisch-Lutherischen Kirche in Bayern
29: © Karin Maier, Saaldorf-Surheim
31: Fromm: Gerbil
39: © Andreas Toerl, Köln
47, 74, 109, 119: http://de.accademic.ru
49: © Jan Tomaschoff, Erkrath
56: © Wieslaw Smetek, Hamburg
59: © M. Berg, www.digitalstock.de
60: Sammlung Jüdisches Historisches Museum, Amsterdam (Leihgabe Jüdische Gemeinde Amsterdam)
62: Evangelische Kirche in Deutschland, Herrenhäuser Str. 12, 30419 Hannover
63: © Jals Smolinski, Küssnacht a. Rigi 1972
64: Stiftung Luthergedenkstätten in Sachsen-Anhalt
74 oben: Christusmonogramm, Rom um 340 aus: Christusbilder, Auer Verlag. Mitte: Neue Rheinische Zeitung, Karlheinz Deschner zur Politik der Päpste im 20. Jahrhundert
78: Karl Barth-Archiv Basel
79: Politisch Wissenschaftlicher Verlag Berlin, 1932
83: Destatis
85: © F. Aumüller, www.digitalstock.de
86: © Diakonisches Werk der Ev.-luth. Landeskirche Hannovers e.V.
104: © Andreas Praefcke
107: Planetarium Hamburg, Sternenwissen, Der Stern von Bethlehem
121: © Ilkka Halso, Orimattila
137: © Günter Standl, Laufen

Textquellen

9, 11, 18, 23, 37, 55, 56, 58-60, 66, 71, 72, 91, 97, 98, 107-109, 112: Lutherbibel, revidierter Text 1984, durchgesehene Ausgabe in neuer Rechtschreibung, © Deutsche Bibelgesellschaft, Stuttgart
10: Richard Exner, Gedichte 1953-1991, Stuttgart (Radius) 1994, 51
12f.: Thomas Fuchs, Wie entsteht das Böse?, Vortrag in der kath. Akademie München, in: zur debatte 1/2007, 53ff.
14f., 20, 33, 40, 45f., 49, 58f., 66f., 72ff., 80f., 82f., 86, 102f., 104: Texte des Verfassers
16f.: Wolfgang Wickler, Die Biologie der Zehn Gebote, 7. Aufl. München 1991, 158ff.
18: Sören Kierkegaard, Die Krankheit zum Tode, Werkausgabe I, Jena 1971, 483
19: Kants Werke, Bd. 6, zitiert nach Siegfried Vierzig, Das Böse, 81f.
20: Walter Schulz, Praktische Philosophie, Ethik Bd. 1, Stuttgart 1984, 320
24: Martin Luther, Tischreden Bd. 9, Göttingen 1983, 606, 30
25: Reinhold Mokrosch, Das religiöse Gewissen, Stuttgart 1979, 38-43
26: Kants Werke, Bd. 8, Frankfurt/M. 1983, 572
28: Friedrich Nietzsche, Zur Genealogie der Moral, in: Friedrich Nietzsche, Sämtliche Werke. Kritische Studienausgabe, Bd. 5, Giorgio Colli und Mazzino Montinari (Hg.), Bd. 2, München 1967, 228f. und 221f., 312f., 278f.
29: Sigmund Freud, Studienausgabe, Band 10, Fragen der Gesellschaft. Ursprünge der Religion, Frankfurt/M. 1974, 251-262 (stark gekürzt)
30: Renate und Eckart Voland, Die Evolution des Gewissens – oder: Wem n zt das Gute?, in: Ethik und Unterricht, 1/1997 Tierethik tierische Ethik, 22-27
31: Erich Fromm, Psychoanalyse und Ethik, 7. Aufl., München 2005, 36
32f.: Dietrich Bonhoeffer, Ethik, Werke Bd. 6, Ernst Feil, Clifford J. Green, H. Ernst Tödt, Ilse Tödt (Hg.), 3. Aufl., Gütersloh 2006, 103ff.

34: Herausgegeben vom Kirchenamt der Evangelischen Kirche in Deutschland, Herrenhäuser Str. 12, 30419 Hannover, http://www.ekd.de/themen/44733.html
38f.: Rainer Erlinger, Berlin
39, 41ff.: Immanuel Kant, Grundlegung zur Metaphysik der Sitten, 3. Aufl., Stuttgart 1955; 30, 40, 59, 69ff.
45: Ernst Tugendhat, Aufsätze 1992-2000, Suhrkamp stw 1535, Frankfurt/M. 2001, 225-261
47: Zitiert nach Otfried Höffe (Hg.), Einführung in die utilitaristische Ethik, München 1957, 35f.,
47: Peter Singer, Praktische Ethik, Stuttgart Neuausgabe 1984, 128
48: Christoph Pöppe, Beglücke die Welt, aber übernimm dich nicht, in: Spektrum der Wissenschaft, Januar 2005, 102
50: Urteil des BVerfG vom 15.2.2006, 1 BvR 357/05
57: Wolfgang Kessler, Essay: Humaner Utilitarismus, in: Publik Forum, Dossier, April 2004, S. IV
61, 75: Martin Luther, Wolfgang Metzger (Hg.), Von weltlicher Obrigkeit, Bd. 4, Weimarer Ausgabe, 2003, 250f.
62: Heinz-Dietrich Wendland, Die Ethik des NT, 2. Aufl., Göttingen 1975, 17
63: Evangelischer Erwachsenenkatechismus, Vereinigte Evang.-Luth. Kirche Deutschlands (Hg.), 7. Aufl., G tersloh 2006, 263
64: Herausgegeben von der Kirchenkanzlei der Evangelischen Kirche in Deutschland und der deutschen Bischofskonferenz, Gütersloh 1979, 37f.
65: Jörg Zink, Tut das Unerhörte, in: Publik Forum April 2004, Dossier Bergpredigt, X
67f.: EKD-Texte Nr. 101, Zum evangelischen Verständnis von Ehe und Eheschließung – eine gutachtliche Äußerung, Herausgegeben von der Evangelischen Kirche in Deutschland, Herrenhäuser Str. 12, 30419 Hannover
76: Karl-Friedrich Haag, Bausteine für eine christliche Ethik, Themenfolge 99, Erlangen 1993, 278
77: Heinz Zahrnt, Die Sache mit Gott, München 1972, 195ff.
84: Martin Luther: Martin Luthers Werke, Weimarer Ausgabe, Bd. 31, 1, 437
85, 87f.: Herausgegeben von der Evangelischen Kirche in Deutschland, 2008
94: Bertrand Russel, Warum ich kein Christ bin, Hamburg 1994, 35
96, 103: Christof Gestrich, Die Seele des Menschen und die Hoffnung der Christen, Frankfurt/M. 2009, 156f., 180, 228f.
98f.: Schleiermachers Leben in Briefen, Bd. 2, Berlin 1985, 85f.
100: Eugen Drewermann, Im Anfang…, Düsseldorf und Zürich 2002, 697f.
110ff.: Gerhard Marcel Martin, Was es heißt: Theologie treiben, Stuttgart 2005, 86ff., 103, 137
114: Christof Gestrich, in: Zeitzeichen 5/2010; S. 27ff.
115: Bertolt Brecht, Den Nachgeborenen, GBA 13, Berlin 2007, 189
116f.: Paul Tillich, Der Widerstreit von Raum und Zeit, Schriften zur Geschichtsphilosophie, Gesammelte Werke, Renate Albrecht (Hg.), Bd. 6, Stuttgart 1963, 199-210 (in Auszügen)
118f.: Tina Baier, Süddeutsche Zeitung
122: Michael von Brück, Wie können wir leben?, München 2002, 69f.
128: Johann Hinrich Claussen, Jeder sein eigener Priester, in: Zeitzeichen, 11. Jahrgang, Nr. 7, Juli 2010, 26-28
129ff.: Helmut Etzold, An den Grenzen des Verstandes, in: Publik Forum Nr. 13, 9. Juli 2010, 36-38
135f.: Klaus-Peter Jörns, Die neuen Gesichter Gottes, München 1997, 217ff., 226
137: Ökumenisches Abendmahl beim Kirchentag, Zeit-online vom 20.05.2010
138f.: Herausgegeben von der Evangelischen Kirche in Deutschland, Herrenhäuser Str. 12, 30419 Hannover